소소한
교회
양육
스토리

섬김과 나눔

| 이현덕 지음 |

하나님께서 찾으시는 한 영혼, 양육으로써 세우고 변화되는 시간

추천사

　전해 들은 이야기는 힘이 없습니다. 상상 속 판타지도 힘이 없습니다. 하지만 직접 경험한 이야기는 힘이 있습니다. 좌충우돌 직접 부딪혀 경험한 이야기는 힘이 있습니다. 《소소한 교회 양육 스토리-섬김과 나눔》은 그런 면에서 힘이 있는 책입니다. 탁상공론에서 건조하게 나온 이야기가 아니라, 구체적인 양육의 자리에서 탄생하여 현장감이 살아 움직이는 양육 교재이기 때문입니다.
　《섬김과 나눔》을 추천합니다. 그 이유는 핵심 신학 주제들이 성도들의 눈높이에 맞춰 접근성과 가독성 높게 기술되었기 때문입니다. 구원, 성경, 기도, 성화, 영적 전쟁, 교회, 섬김, 나눔, 사역, 은사 등 핵심 신학 주제들이 평이한 논조로 총망라되어 굳건한 신학적 토대 위에서 성도들을 양육할 수 있는 특징과 장점을 지녔습니다. 신학이 없으면 모든 것이 무너지지만, 신학이 있으면 모든 것을 굳건하게 만듭니다.
　《섬김과 나눔》을 추천합니다. 그 이유는 교회의 본질을 추구하고 있기 때문입니다. 교회의 본질은 규모나 사이즈가 아닙니다. 하나님 나라를 사는 언약 백성들이 말씀과 기도로 영적 교제를 나누는 언약 공동체가 바로 교회의 본질입니다. '소(작은), 소(소금이 되어 하나님 나라의), 한(한 지체가 되는) 교회'라는 정의야말로 교회의 본질과 가장 가까운 정의가 아닐 수 없습니다.

《섬김과 나눔》을 추천합니다. 그 이유는 본서를 통해 양육받은 그리스도의 제자들이 하나님 나라를 이 땅에 건실히 세워가는 모습을 친히 보게 될 것이기 때문입니다. 적용되지 않은 신학은 허공의 메아리처럼 무의미합니다. 이 책을 통해 삶의 구체적인 현장 속에서 서로 '섬기고 나누는' 그리스도인들이 많아질 것을 생각하니 벌써부터 가슴이 뜁니다.

한 영혼이라도 제대로 양육하고 싶은 갈망을 가진 모든 분들에게 《섬김과 나눔》은 놓치지 말아야 할 필독서입니다. 이 책을 통해 많은 분들이 '변화'되길 진심으로 바라고 기대합니다.

박재은 교수
총신대학교 신학과장, 《성화, 균형 있게 이해하기》 외 저자

추천사

　급변하는 교회 현장에서 영혼의 변화를 놓고 씨름하는 목회자!
자신에게 맡기신 공동체에 최선을 다하는 목회자야말로 이 시대에 주님께서 찾으시는 하나님 나라의 자원입니다. 이현덕 목사야말로 하나님 나라를 꿈꾸고 연구하며 현장에 적용하여 건강한 공동체를 이룬 정말 소중한 목회자입니다. 그가 한 영혼 한 영혼을 소중히 여기는 소소한 교회를 꿈꾸며 영혼을 변화시키고 그 땀의 결실을 내놓았습니다.
　친밀하고 작은 공동체이자 동시에 세상의 소금이 되는 대안공동체인 '소소한' 교회가 세워지는 과정을 담은 킹덤스토리《소소한 교회 양육 스토리-섬김과 나눔》에 모든 교회들이 귀를 기울이길 간절히 소망합니다. 이 책을 성도들과 나누며 교회 안에 하나님 나라를 구현해 보시길 강력히 권합니다.

이종필 목사
세상의빛교회 담임, 킹덤처치연구소 대표, 《킹덤처치》 외 저자

추천사

　2019년부터 2022년까지 지난 3여 년간 전 세계를 뒤흔든 코로나로 인하여 어려움을 겪은 회사, 자영업자, 이웃들이 많습니다. 교회도 모임을 금지하여 하나님을 섬기는 예배, 찬양, 기도, 전도를 할 수 없어 교회 문을 닫는 어려운 시기에도, 이현덕 목사님 내외분과 성도들은 뜨거운 기도와 믿음, 하나님의 크신 은혜로 교회에 아무 지장 없이 위기를 잘 극복했습니다. 하나님께 찬양과 영광을 드립니다.

　이러한 은혜 안에서 교회에 등록한 성도 한 분 한 분의 신앙을 위해 집필한 《소소한 교회 양육 스토리-섬김과 나눔》의 출판을 축하드립니다. 성도들의 양육을 통하여 초대교회로 돌아가 부흥하기를 기대합니다. 성도들이 말씀충만, 성령충만, 믿음충만 하여 복음이 와동에서 안산 전 지역으로 퍼져나가는 기회가 되기를 소망합니다. 날마다 부흥하기를 응원합니다.

　　　　　　　　　　　　　　　　　　　　　　　권원택 목사
　　　　　　　　　　　　　　　축복의통로교회 원로목사, 《지옥은 가지 맙시다》 저자

추천사

　하나님의 사역자로서 하나님 나라의 본질을 추구하는 것은 당연한 일입니다. 그 노력 안에는 자신의 영광이나 자신의 높아짐은 이미 관심사가 아닙니다. 오로지 하나님의 나라, 하나님의 뜻, 하나님의 영광이 드러나길 원하고, 자신의 사역을 통해 많은 사람이 하나님을 경외하고 높여 대하는 백성이 되어 갈 수 있도록 하는 것뿐입니다.

　그런 의미에서 이현덕 목사님이 저술하신 《소소한 교회 양육 스토리-섬김과 나눔》에는 하나님의 사역자로서 '진정한 교회란 무엇이며, 진정한 성도란 무엇인가? 교회의 방향과 목적은 무엇인가? 더불어 진정한 목회자는 무엇을 해야 하는가?'라는 깊은 고민이 진하게 배어 있습니다. 그리고 그 고민을 조심스럽게 정성을 다해 꾸욱 꾸욱 눌러 담아 이 책을 완성했습니다.

　그래서 이 책 안에는 하나님을 향한 경외가 담겨 있고, 교회를 향한 진심이 담겨 있으며, 성도를 향한 사랑이 담겨 있고, 동역자를 향한 고민이 담겨 있습니다.

　목회자들이나 성도들이 이 교재를 한 과, 한 과 천천히 진행해 나가다 보면, 소소하게 시작하여 마침내는 하나님 나라의 근본적인 원리에 대해 알게 되고, 하나님의 백성으로서 어느덧 하나님을 경외하고 섬기는 자기 모습을 발견하게 될 것입니다.

  이 책을 접하는 모든 분에게 하나님의 크신 은혜와 평안이 늘 함께하시길 기도합니다.

장재일 목사

한국교회와 목회자를 돕는 이스라엘 밥-BOB,

Background of Bible 아카데미 대표,

《밥 하면서 보는 복음서의 유대적 배경》 외 저자

추천사

'소소한 교회'를 꿈꾸며 한 영혼을 낳기 위한 양육교재가 만들어짐을 응원합니다.

저자는 교회에서 직접 일대일 양육을 하며 이 책을 만들었습니다. 양육을 하며 얻은 기쁨을 다른 사람들과 함께 나누고자 만든 것으로 보입니다.

보통 양육교재는 여러 권으로 되어 있습니다. 그런데 이 책은 모든 것이 원스톱입니다. 학생용과 인도자용을 함께 엮었습니다. 그리고 새가족반, 새생명반, 양육반, 사역반을 총 21과로 모두 한 권에 다 담았습니다. 한 권에 담다 보니 내용이 짧아지는 경향이 있을 수 있습니다. 그러나 일대일 양육 교재로 길지 않아서 좋습니다.

제목이 특이하게 《섬김과 나눔》입니다. '섬김과 나눔'을 할 수 있는 것이 많이 있는데, 그중의 으뜸은 '복음'이기 때문인 것으로 보입니다. 복음으로 섬기고 복음을 나누는 기쁨은 참으로 큽니다. 그 기쁨을 보통은 목회자만 누립니다. 그런데 만약 성도가 이 책으로 일대일 양육을 한다면 그 기쁨을 함께 누릴 수 있을 것입니다. 그것이 큰 복입니다.

이 책과 그 안의 시스템은 복음으로 섬기고 복음을 나누는 좋은 기회를 줄 것입니다. 한 명이 진정한 기독교인(소금)으로 세워지기를 원한다면 시도해 보십시오. 가르치면서 세워지고 배우면서 세워질 것입니다. 복음을 전하면서 모두가 행복해지기를 바라는 저자의 꿈이 이루어지기를 기도하며 응원합니다.

장석환 목사
하늘기쁨교회 담임목사, 하늘기쁨목회자독서회 대표,
《구약에 나타난 하나님 마음》,《신약에 나타난 하나님 마음》 외 저자

서문

저는 아직까지는 젊은 40대 초반의 목회자로, 신학대학교와 신학대학원 재학 당시 많이 들었던 이야기들이 있습니다.

'한국교회 개혁운동', '한국교회 갱신운동', '한국교회 자정 능력 회복을 위한 세미나', '한국교회 대부흥운동 100주년 기념 집회', '종교개혁에서 한국교회의 길을 찾다' 등입니다. 이런 거대한 이야기들을 들을 때에, 대부분 공감하며 가슴이 뜨거워졌습니다. 밤이 늦도록 동기 전도사님들과 한국교회에 대해 이야기하며 비전을 나눈 추억도 있습니다.

그런데 사역지로 섬기는 지역의 작은 교회로 돌아가서 경험하는 교회의 현실은, 소소했습니다. 한 주간 들었던 거대한 이야기들과 큰 차이가 있었습니다. 개인마다 다르지만, 하루 벌어 하루 먹고 살아가는 서민이 대다수인 작은 교회의 성도들과 그런 거대한 이야기는 거리가 너무나 컸습니다.

세월이 흘러 엔데믹 시대를 경험하고 있습니다. 이제는 신학교 시절과는 방향이 다른, 또 다른 거대한 이야기들이 교계에 들립니다.

'엔데믹 시대 한국교회가 나아갈 방향', '엔데믹 시대 한국교회의 길을 찾다' 등입니다. 그리고 스마트폰에서부터 최첨단 기술을 활용한 미래 교회와 미래 사역을 위한 다양한 세미나가 진행되고 있습니다.

하지만 이 또한 대다수 한국교회를 차지하는 작은 교회의 목회자와 성도들과는 거리가 멀게 느껴지는 것 같습니다. 그렇다고 해서 '대형 교회는 무조건 나쁘고 작은 교회는 무조건 좋은가?'라는 울분 섞인 비판을 하자는 것이 아닙니다. 대형 교회가 있기 때문에 작은 교회가 있고, 작은 교회가 있기 때문에 대형 교회가 있습니다. 모두가 주님의 몸 된 소중한 교회입니다. 그저 '소소한 교회가 되자!'라고 말하고 싶습니다.

최근엔 소소한 일상과 행복을 누리는 사람들이 주목받고 있습니다. '소소하다'라고 하면 일반적으로 '작고 대수롭지 않은 것'을 생각합니다. 그러나 소소하다는 말에는 그 이상의 의미가 있습니다. 자신만의 확고한 가치체계 안에서 작은 일상을 누리는 미니멀라이프! 불필요한 집착을 버리고 본질에 집중하는 단순한 삶! 어쩌면 예수님의 제자 공동체가 이러한 소소한 교회가 아니었을까요? 예수님과 동행하며 하나님 나라 비전이라는 확고한 가치체계 안에서 작은 일상을 누리는 소소한 행복! 불필요한 집착을 버리고 평안을 찾는 한 영혼에게 하나님 나라를 복음으로 전하는 본질에 집중하는 삶! 이를 위해 본을 보이신 예수님의 섬김과 나눔의 삶!

《섬김과 나눔》은 하나님 나라 비전 안에서 찾는 한 영혼을 섬기고 삶을 나누는 소소한 교회의 양육 스토리입니다. 교회마다 형편이 다르겠지만, 일대일로 삶을 나누는 것이 가장 좋습니다.

책의 구성은 다음과 같습니다. 먼저 크게 "워크북"(1부-교재)과 "스토리북"(2부-해설집)으로 나뉘어 있으며, 각 부는 "새가족반(하나님 나라로 초대) - **새생명반(하나님 나라의 기초)** - 양육반(하나님 나라로 뿌리내림) - **사역반(하나님 나라의 일꾼)**"으로 구성되어 있습니다. 또 각 과는 "마음 열기(도입) - 말씀 속으로(본문) - 그럼 난?(적용) - 포인트 필사(각 과의 핵심과 암송 요절)"로 이루어져 있어 말씀 안에서 삶을 나누고 함께 섬기도록 구성되어 있습니다.

저는 경기도 안산시 와동에 있는 축복의통로교회에서 지난 7년 동안 《섬김과 나눔》으로 성도들을 일대일로 양육했습니다. 공예배 시간 외에, 6개월에서 1년 정도를 매주 평일에 한 번씩 만나서 1시간 30분에서 2시간 정도 함께하면서 소소한 양육 스토리를 만들어왔습니다.

그러면서 성도들은 하나님 나라 비전을 공유하기 시작했고, 하나님 나라 비전 안에서 꿈을 갖기 시작했습니다. 가정에 대한 꿈,

일터에 대한 꿈, 선교에 대한 꿈, 건강한 교회에 대한 꿈, 다음 세대에 대한 꿈, 예수님의 성품과 인격을 닮아 가는 꿈. 그 꿈은 무언가 거대한 꿈이기보다는 우리를 부르신 곳에서 소소하고 묵묵히 하나님 나라의 통치를 받고 나타내는 제자로 살아가는 것이었습니다. 그래서 새로운 7년 사역을 맞이하면서 보다 더 원활한 사역이 이루어지고, 한국교회에 특히 작은 교회 목회자와 성도들에게 유익이 되길 바라는 마음으로 출판을 결심하였습니다. 아직도 우리 교회는 부족합니다. 그러나 《섬김과 나눔》을 통해 소소한 교회 양육 스토리를 만들어 가며 소소한 행복을 누리고 있습니다.

소소한 교회를 이렇게 표현하고 싶습니다.
'소(작은), 소(소금이 되어 하나님 나라의), 한(한 지체가 되는), 교회.'
소소한 교회(작은 소금이 되어 하나님 나라의 한 지체가 되는 교회)는 크다고 교만하지 않고 작다고 낙심하지 않습니다. 각자 부르신 곳에서 《섬김과 나눔》으로 소소한 양육 스토리를 만들어 갑니다. 소소한 양육 스토리가 모여 소소한 교회를 이룹니다. 소소한 교회를 통해 하나님 나라가 지역사회에 전해집니다. 그러면서 또 다른 한 영혼에게 《섬김과 나눔》을 통해 소소한 양육 스토리가 만들어집니다.
이처럼 크고 작은 소소한 교회들이 작은 소금이 되어 하나님 나라의 한 지체가 되는 교회를 이룰 때, 거대하게만 보였던 엔데믹 시대에 한국교회가 나아갈 방향도 선명해지고, 더 나아가 한국교회의 회복과 부흥도 이루어질 것을 믿습니다.

목회자와 신학생들에게

《소소한 교회 양육 스토리 – 섬김과 나눔》을 함께 나누게 되어 감사합니다. 선배 또는 동기 목사님들이 가끔 제게 묻습니다. "요즈음 어떠세요?" 그럴 때마다 저는 "행복합니다"라고 답합니다. 여러분에게 제가 묻습니다. "요즈음 어떠세요?" 제가 항상 행복하다고 한 이유는 바로 한 영혼 때문입니다. 하나님께서 찾으시는 한 영혼이 양육을 통해 세워지고 변화됨을 경험하기 때문입니다.

6개월에서 1년 정도 일대일로 소소한 양육 스토리를 함께 만들어 가다 보면, 복음으로 영혼을 낳는다는 것이 무엇인지 경험합니다. 때로는 함께 울고 때로는 함께 웃으며 동역자로 세워집니다. 양육이 될 때 설교가 잘 전달되고 소그룹 사역도 원활하게 이루어지는 것을 경험합니다. 목양 관계 안에서 서로를 알고 비전을 공유하게 됩니다.

누구든지 잘 갖추어진 목양지에서 많은 양 무리와 동역하기를 꿈꿀 것입니다. 그러나 아무리 잘 갖추어진 목양지라도 처음에는 황무지이고 광야였을 것입니다. 그런데 누군가가 하나님의 부르심을 받아 그 땅을 품습니다. 하나님께서 찾으시는 한 영혼을 양육하고 설교하고 섬기고 나누기 시작합니다. 마침내 그곳에도 하나님 나라를 묵묵히 소소하게 이루어가는 공동체가 세워지기 시작합니다. 《섬김과 나눔》이 바로 이러한 도구가 되길 소망합니다.

특히 교회 개척을 준비하면서 양육 사역에 관심이 있으신 분들은 연락을 주십시오. 기꺼이 도움이 되겠습니다.

새가족과 리더에게

《소소한 교회 양육 스토리-섬김과 나눔》을 시작하는 새가족과 리더를 환영하며 축복합니다. 주님의 은혜 안에서 행복한 섬김과 나눔이 되길 소망하며, 몇 가지를 부탁드립니다.

🌼 서로를 위해 기도하며, 공예배 시간 외에 평일에 시간을 정하여 참석합니다. 무엇보다 주일예배 참석을 우선으로 합니다.

🌼 그 주에 나눌 내용을 미리 준비합니다. "워크북"을 보고 그 주에 해당하는 성경구절을 미리 찾아서 적고, 그 주에 해당하는 "스토리북"을 미리 읽어 옵니다. 《섬김과 나눔》이 진행될 때, 리더는 "스토리북"을 보면서 설명하고, 새가족은 "워크북"을 사용해도 좋습니다. 혹은 리더와 새가족 모두 "스토리북"을 보면서 적용 부분에서 삶을 나누어도 됩니다.

🌼 새가족이 사정이 생겨 3주 연속 참석하지 못하면 당분간 만남을 중단하고 서로를 위해 기도합니다. 그 후 식사 교제를 통해 서로를 격려하며, 계속 진행할지 아니면 잠시 중단할지를 결정하되 모

든 결정은 화평 안에서 이루어 갑니다.

🌸 《섬김과 나눔》의 모든 과정을 마친 후에는 "감사 소감문"을 함께 나누고, 목회자와 성도들이 축하해 주며 소정의 선물과 꽃다발과 수료증을 증정하여 기념합니다.

작은 소금이 되어 하나님 나라의 한 지체가 되는 교회.

소소한 교회 양육 스토리
《섬김과 나눔》으로 초대합니다.

추천사 _ 2
서문 _ 10
목회자와 신학생들에게 _ 14
새가족과 리더에게 _ 16

1부_ 워크북 섬김과 나눔 교재

섬김과 나눔이 뭐예요? _ 24

새가족반 (하나님 나라로 초대)

1. 30문 30답 _ 32
2. 내가 살아가는 이유 _ 34
3. "왜 태어났니? 얼굴도 못생긴 게" _ 41
4. 하나님, 날 붙잡아 주세요 -죄와 심판- _ 48
5. 당신을 위한 최고의 선물 _ 52
6. 영접이 뭐예요? _ 56

새생명반 (하나님 나라의 기초)

1. 구원의 확신 _ 62
2. 내가 다시 태어났다고요? _ 66
3. 성경 _ 69
4. 기도 _ 73

차례

양육반 (하나님 나라로 뿌리내림)

1. 신분과 수준 _ 80
2. 구원에 대한 새로운 이해 _ 85
3. 구원받은 자의 책임⑴: 거룩한 삶 _ 89
4. 구원받은 자의 책임⑵: 능력 있는 삶 _ 93
5. 구원의 견고함 _ 97

사역반 (하나님 나라의 일꾼)

1. 영적 전쟁 _ 106
2. 교회를 교회 되게 _ 111
3. 섬김과 나눔 _ 116
4. 드리는 삶 _ 121
5. 건강한 교회 건강한 방향 _ 126
6. 사역과 은사 _ 131

2부_ 스토리북 섬김과 나눔 해설

섬김과 나눔이 뭐예요? _ 138

새가족반(하나님 나라로 초대)

1. 30문 30답 _ 148
2. 내가 살아가는 이유 _ 150
3. "왜 태어났니? 얼굴도 못생긴 게" _ 159
4. 하나님, 날 붙잡아 주세요 -죄와 심판- _ 169
5. 당신을 위한 최고의 선물 _ 179
6. 영접이 뭐예요? _ 189

새생명반(하나님 나라의 기초)

1. 구원의 확신 _ 196
2. 내가 다시 태어났다고요? _ 204
3. 성경 _ 209
4. 기도 _ 216

양육반(하나님 나라로 뿌리내림)

1. 신분과 수준 _ 228
2. 구원에 대한 새로운 이해 _ 234
3. 구원받은 자의 책임⑴: 거룩한 삶 _ 239
4. 구원받은 자의 책임⑵: 능력 있는 삶 _ 246
5. 구원의 견고함 _ 251

사역반(하나님 나라의 일꾼)

1. 영적 전쟁 _ 260
2. 교회를 교회 되게 _ 270
3. 섬김과 나눔 _ 279
4. 드리는 삶 _ 285
5. 건강한 교회 건강한 방향 _ 295
6. 사역과 은사 _ 303

"그런즉 누구든지 그리스도 안에 있으면 새로운 피조물이라 이전 것은 지나갔으니 보라 새것이 되었도다"(고후 5:17).

제1부

워크북

섬김과 나눔
교재

섬김과 나눔이 뭐예요?

《섬김과 나눔》을 시작하는 분들을 환영합니다. 오늘은 첫 번째, 오리엔테이션 시간입니다. 먼저, 섬김과 나눔이 무엇인지 그 특징을 살펴보려 합니다. 섬김과 나눔의 주제 말씀을 읽어 봅시다.

> "오직 사랑 안에서 참된 것을 하여 범사에 그에게까지 자랄지라 그는 머리니 곧 그리스도라"(엡 4:15).

1. 섬김과 나눔은 (　　) 입니다.

(1) 아기가 태어났는데 돌보지 않고 그냥 내버려 둔다면, 어떻게 될까요?

_____

_____

(2) 아기가 건강하게 자라나기 위해서는 어떻게 해야 할까요?
아기가 잘 자라나기 위해서는 (　　　　)을 해야 합니다.

(3) 신앙생활을 하고 믿음이 자라나기까지, 누군가에게 양육-도움을 받거나, 반대로 누군가에게 양육-도움을 준 경험이 있나요?

_____

양육이 없는 신앙생활은
　　　　(　　　)에 빠져 잘못된 것을 믿을 수 있습니다.
　　　　(　　　)에 빠져 덮어놓고 무조건 믿을 수 있습니다.
　　　　(　　　)에 빠져 내 마음대로 믿을 수 있습니다.

그래서 우리는 양육이 필요합니다. 이처럼 섬김과 나눔은 한 영혼이 예수님에게까지 믿음이 자라나도록 도와주는 양육입니다.

2. 섬김과 나눔의 특징

(1) 공부가 아닙니다. '공부' 하면 생각나는 특징이 무엇이죠?

_____

_____

섬김과 나눔은 먼저 양육을 받고 섬김과 나눔을 끝낸 (　　　)와 함께하는 (　　　)가 (　　　) 앞에서, 함께 섬기고 삶을 나누며 통해 함께 도전받고 함께 자라나는 것입니다.

이때 리더의 역할, 지체의 역할, 리더와 지체 모두의 역할은 무엇일까요?

리더의 역할은 (　　　)입니다. 지체의 역할은 (　　　)입니다. 리더와 지체 모두의 역할은 오픈 마인드! 말씀 앞에서 (　　　)을 여는 것입니다.

(2) 성도의 교제

믿지 않는 분 중에서 나와 마음을 열고 교제할 수 있는 절친(친구/선후배)은 몇 명 정도인가요? 이들과 교제할 때 좋은 점과 좋지 않은 점을 이야기해 봅시다.

_____

섬김과 나눔이 뭐예요?

교회 안에서 마음을 열고 교제할 수 있는 성도가 있나요? 없다면 그 이유는 무엇입니까?

_____

_____

이렇게 우리는 믿는 성도뿐만 아니라, 믿지 않는 분들과도 교제하며 살아갑니다. 믿는 성도와 믿지 않는 분들과의 교제에서 보이는 차이점은 무엇일까요?

_____

_____

여러 가지 차이가 있겠지만 (   )이 있느냐, 없느냐의 차이입니다. 성도의 교제는 (   ) 앞에서 서로의 생각, 삶, 아픔, 슬픔, 기쁨, 근심, 즐거운 일, 소망 등을 함께 섬기고, 함께 나눔으로 모두가 (   )로 나아가는 것입니다.

(3) 교회가 세워지는 방법

섬김과 나눔은 교회가 세워지는 방법입니다. 그럼 교회가 어떻게 세워지는 것일까요? 그 방법은 디모데후서 2장 1-2절을 통해 알 수 있습니다.

> "¹내 아들아 그러므로 너는 그리스도 예수 안에 있는 은혜 가운데서 강하고 ²또 네가 많은 증인 앞에서 내게 들은 바를 충성된 사람들에게 부탁하라 그들이 또 다른 사람들을 가르칠 수 있으리라."

- 디모데후서는 누가 누구에게 쓴 편지죠?
  - (   )이 젊은 목회자 (   )에게
- 바울은 디모데에게 편지를 통해 무엇을 말하죠?
  - 교회가 (   ) 방법에 대해
- 말씀을 통해 교회가 세워지는 방법을 살펴봅시다.
  - 디모데가 (   )에게 양육받음
  - 디모데가 (   )들을 양육함
  - 디모데에게 양육받은 성도들이 (   )들을 양육함

이것이 교회가 세워지는 방법입니다. 바로 '양육'입니다. 일반적으로 사람들은 보통, 교회가 세워지려면 건물, 재정, 성도가 필요하다고 생각합니다. 그러나 가장 본질적으로 필요한 것은 (   )입니다.

이러한 모습으로 교회가 세워지기 위해서, 누구 안에서 강해져야 할까요? 1절을 보면, "너는 그리스도 예수 안에 있는 (   ) 가운데서 강하고"라고 말씀합니다.

섬김과 나눔이 뭐예요?

3. 오늘 나눈 내용을 정리해 봅시다.

(1) 섬김과 나눔이 뭐예요?

(2) 섬김과 나눔의 특징 세 가지는 무엇인가요?

4. 마지막으로, 섬김과 나눔에 임하는 각오와 기도제목을 나누고 기도합니다.

새가족반
(하나님 나라로 초대)

1. 30문 30답

2. 내가 살아가는 이유

3. "왜 태어났니? 얼굴도 못생긴 게"

4. 하나님, 날 붙잡아 주세요 -죄와 심판-

5. 당신을 위한 최고의 선물

6. 영접이 뭐예요?

누군가의 초대를 받는 건 정말 기쁜 일입니다. 우리는 이제 하나님 나라로 초대되는 새가족반을 시작합니다.

다음의 그림을 보고 느낀 점이나 떠오르는 생각을 자유롭게 나누어 봅시다.

'초대'라는 이미지를 위해 그림을 살펴보았습니다.
여러분은 가장 기억에 남는 초대가 무엇인가요?

하나님 나라로 초대되었는데 어떤 마음이 드나요?

_____

_____

맞습니다. 한편으로는 기대가 되기도 하고 또 한편으로는 두려운 마음도 있죠. 그러나 하나님 나라로 초대된 우리에게 하나님께서는 "두려워하지 말라!"라고 하십니다.

이사야 41장 10절을 함께 읽어 봅시다.

"두려워하지 말라 내가 너와 함께함이라 놀라지 말라 나는 네 하나님이 됨이라 내가 너를 굳세게 하리라 참으로 너를 도와주리라 참으로 나의 의로운 오른손으로 너를 붙들리라"(사 41:10).

우리를 하나님 나라로 초대하신 하나님께서 초대받은 우리와 함께하며 굳세게 하고 도와주시겠다 하십니다. 두려운 마음도 있지만, 기대하는 마음으로 새가족반을 시작해 볼까요?

> 새가족반

1
30문 30답

하나님 나라로 초대받아 함께하는 리더와 지체로서, 서로를 알아가는 시간입니다. 가벼운 마음으로, 함께 섬기고 함께 나누어 볼까요?

1. 이름?
2. 생년월일?
3. 학교?
4. 혈액형?
5. 언제 처음으로 교회에 갔나요?
6. 내가 사는 곳?
7. 가족 사항?
8. 나의 성격?
9. 누구를 통해 우리 교회에 왔나요?
10. 장래 희망(꿈)?

11. 내가 존경하는 인물?
12. 좋아하는 색?
13. 취미와 특기?
14. 좋아하는 운동?
15. 좋아하는 연예인?
16. 좋아하는 음식?
17. 싫어하는 음식?
18. 즐겨 가는 곳?
19. 무인도에 가져가고 싶은 세 가지?
20. 나에게 100억 원이 주어진다면 하고 싶은 것?
21. 살아오면서 가장 행복했던 일?
22. 살아오면서 가장 힘들었던 일?
23. 내가 살면서 가장 열심히 했던 것?
24. 좌우명 또는 좋아하는 성경 구절?
25. 죽기 전에 꼭 가고 싶은 여행지는?
26. 내가 가장 예쁘다거나 멋지다고 느낄 때?
27. 신체 중 가장 자신 있는 곳?
28. 기회가 된다면 배우고 싶은 악기?
29. 지금 이 시간, 오늘, 요즈음 꼭 듣고 싶은 말은? 그 이유는?
30. 받고 싶은 선물?

- 오늘 30문 30답을 통해 감사한 점을 나누고, 기도로 마칩니다.

새가족반

2
내가 살아가는 이유

하나님 나라로 초대, 그 출발은 '왜?'입니다. 왜 공부하는가, 왜 먹는가, 왜 일 하는가 … 왜 사는가? 삶의 이유와 목적에 대해 살펴봅니다.

1. 마음 열기

최희준 씨가 부른 〈하숙생〉의 가사입니다. 처음부터 읽어 볼까요?
노래를 안다면 함께 불러도 좋습니다.

♪♬
인생은 나그넷길
어디서 왔다가 어디로 가는가
구름이 흘러가듯 떠돌다 가는 길에
정일랑 두지 말자 미련일랑 두지 말자
인생은 나그넷길 구름이 흘러가듯

정처 없이 흘러서 간다
인생은 벌거숭이
빈손으로 왔다가 빈손으로 가는가
강물이 흘러가듯 여울져 가는 길에
정일랑 두지 말자 미련일랑 두지 말자
인생은 벌거숭이 강물이 흘러가듯
소리 없이 흘러서 간다

가사를 읽으면서 어떤 느낌이 들었나요?

가사에서 주인공은 "정일랑 두지 말자 미련일랑 두지 말자"라고 했는데, 그 이유는 무엇일까요?

가사의 주인공과 자신을 볼 때 비슷한 점과 다른 점이 있다면 써 봅시다. 만약에 없으면 없다고 해도 좋습니다.

2. 말씀 속으로

나의 삶에 가장 힘들었을 때와 가장 행복했을 때는 언제인가요?

누구든지, 힘들었을 때도 있고 행복했을 때도 있습니다. 그런데 어리석은 사람은 '내 인생은 계속 (   )할 거야, 또는 계속 (   )할 거야'라고 생각합니다. 왜 이런 사람은 어리석을까요? 왜냐하면, 우리의 삶은 (   )과 (   )이 반복되기 때문입니다.

(1) 삶 속의 행복

사람들은 행복한 것보다 불행한 일을 더 좋아합니다.

그 이유는 (   ) 때문입니다. (   )를 지으면서, 인간에게 불행이 찾아왔습니다. 창세기 3장 1-7절을 읽어 볼까요?

요즈음 세상과 뉴스를 보면서 '정말 불행한 것 같다'라고 생각하는 것이 있다면 무엇인가요?

....

....

이 모든 불행이 죄로 인하여 시작되었습니다.

(2) 삶 속의 불행

이러한 불행 중 가장 큰 불행은 (   )입니다.

죄로 인해 하나님을 떠난 인간은 목적 없이 이리저리 헤매는 (   )가 됩니다. 방황에는 세 가지 모습이 있습니다.

- (   ) 행복이 없는 삶 : 영원한 행복이신 하나님을 떠난 인간은, 영원한 행복을 잃어버린 (   ) 속에 살아갑니다.
- 행복과 불행의 (   ) 반복: 인간은 (   ) 속에 살아갑니다.
- 살아가는 (   )와 (   )을 잃어버림: 살아가는 이유와 목적을 잃고 살아갑니다. 그래서 인간은 (   ) 속에 살아갑니다.

방황하는 인간은 본질적인 두려움, 불안, 허무함을 극복하려고 나름의 우상 즉, (   )을 섬기기도 합니다. 그러나 결국 사람은 이렇게 방황하다가 흙에서 와서 흙으로 돌아가게 됩니다.

"너는 흙이니 흙으로 돌아갈 것이니라"(창 3:19).

이 시대의 사람들을 보면, 세 가지 중에서 어떠한 모습으로 방황하며 살아가는 것 같나요? 그 이유는?

....
....
....

(3) 방황 끊기

그럼, 방황을 끊는 방법은 무엇일까요? 내가 살아가는 (   )을 아는 것입니다. 창세기 1장 27-28절을 읽어 보겠습니다. 창세기 1장 27-28절에는 하나님께서 인간을 창조하신 목적이 나옵니다.

- 창세기 1:27 - 하나님의 형상(이미지, image)대로 사람을 창조하시되

삼성 또는 LG와 같이 유명한 기업의 로고나 이미지를 보면 무엇이 생각납니까? 이미지가 나타내는 그 (   ). 맞습니다. 하나님께서는 하나님의 이미지인 인간을 보면 무엇이 생각나도록 창조하셨을까요? (   ) 생각나도록 창조하셨습니다.

- 창세기 1:28 - 하나님이 그들에게 복을 주시며…(   )로서 다스리라 (   )

대리운전을 할 때, 차의 주인과 대리운전자 사이에 어떤 일이 일어납니까?

하나님께서 세상을 창조하고 통치하실 때, 하나님과 인간 사이에 어떤 일이 일어납니까? 하나님께서 인간에게 세상을 통치할 수 있는 (   )을 주시고, 인간은 하나님의 (   )로서 인간의 욕망이 아니라 하나님의 (   )대로 세상을 통치합니다.

3. 그럼 난?

지금까지 내용을 통해 하나님께서 인간을 창조하신 인생의 목적을 정리해 봅시다.

암송 창세기 1:27-28

나의 인생
목적 선언

"(   )은/는 축복의 통로다. (   )은/는 하나님의 형상(이미지)으로서 하나님의 뜻대로 세상을 복되게 대리통치하여 하나님이 얼마나 좋으신 분인지를 세상에 흘려보내고 반영하는 축복의 통로다."

우리는 왜 태어났고, 왜 공부하고, 왜 돈을 벌고, 왜 결혼을 하며, 왜 사는 것일까요?

나의 인생 목적 선언을 통해 이런 질문의 답을 확인했습니다. 성경은, 하나님께서 우리가 이러한 목적을 따라 살도록 복 주시는 분임을 약속하고 있습니다.

함께 서로를 축복하며 노래해요.

"하나님께서 당신을 통해 메마른 땅에 샘물 나게 하시기를
가난한 영혼, 목마른 영혼, 당신을 통해 주 사랑 알기 원하네."

"좋으신 하나님 좋으신 하나님 참 좋으신 나의 하나님."

● 새가족반 두 번째 시간을 통해 느낀 점이나 깨달은 점을 함께 나누어 봅시다.

포인트 필사

〈나의 인생 목적 선언〉

(   )은/는 축복의 통로다. (   )은/는 하나님의 형상(이미지)으로서 하나님의 뜻대로 세상을 복되게 대리통치하여 하나님이 얼마나 좋으신 분인지를 세상에 흘려보내고 반영하는 축복의 통로다.

포인트 필사 / 따라 쓰기

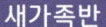 새가족반

3

"왜 태어났니? 얼굴도 못생긴 게"

성경 속 하나님 나라로 초대된 사람들의 특징이 있습니다. 바로 자존감 회복입니다. 이런 말이 있어요. "자존감이 높으면 자존심이 낮고, 자존감이 낮으면 자존심이 높다." 하나님 나라로 초대, 오늘은 자존감에 대해 살펴봅니다.

1. 마음 열기

(1) 닉 부이치치 영상을 본 느낌을 말해 봅시다.

(2) 자존감은 나 자신에 대한 존경심, 자신감, 즉 '자신에 대해 몇 점을 줄 수 있는가?'입니다. 100점 만점 중 나는 나 자신에게 몇 점을 줄 수 있나요? 그리고 그렇게 점수를 준 이유는 무엇인가요?

(3) 닉 부이치치는 《허그》라는 책에서 "한계를 껴안다"라고 하는데, 이는 자신의 연약함을 받아들이고 수용할 때부터 인생의 회복이 시작됨을 말합니다. 자신의 외모, 가정, 환경, 성격 중에서 받아들이기 힘든 부분은 무엇인가요? 그 이유는 무엇인가요?

----

(4) 우리에게는 왜 이렇게 자신이 받아들이고 싶지 않은 모습이 있는 걸까요?

다른 사람과 (   )하기, 나는 꼭 (   ) 존재가 아니라 (   ) 어쩌다가 태어났다고 생각하기 때문입니다. 보통 자존감이 높고 건강할수록 남과 비교하지 않고 자신의 길을 묵묵히 걸어갑니다. '나는 꼭 필요한 존재'라는 자신감을 가지고 모든 상황에 대처하고 극복하는 삶을 살아갑니다.

성경에 나오는 '야베스'라는 인물을 통해 자존감에 대해 자세히 살펴볼까요?

2. 말씀 속으로

🌱 야베스는 누구인가?(대상 4:9-10)

(1) 야베스의 뜻은?(9절)

내가 (   ) 낳았다.

(2) 야베스의 출생 비밀?

(   )받지 못한 환경이었다.

(3) 야베스의 어머니는 야베스를 임신했을 때 야베스에게 어떤 말을 말했을까요? 드라마의 대사처럼 각자 이야기해 볼까요?

....

....

(4) 그럼 야베스의 자존감은 어떠했을까요? 100점 만점 중에서 야베스는 자신에게 몇 점을 줄 수 있었을까요?

....

(5) 야베스의 기도

● "주께서 내게 (   )을 주시려거든"

첫 번째 기도는 하나님께 복을 구하는 기도입니다. "원합니다. 나에게 복에 복을 더하여 주세요. 오직 하나님만이 나를 도울 수 있습니다." 야베스처럼, 가장 하나님의 도움을 필요로 하는 지금 나의 기도 제목은 무엇인가요?

● "나의 (   )을 넓히시고"

두 번째 기도는 영향력에 대한 기도입니다. "하나님, 나의 지역을 넓혀 주세요. 하나님이 주신 땅에서 하나님께서 기뻐하시는 일을 하고, 그 땅을 통해 선한 영향력이 흘러가길 원해요. 고통을 흘려보내는 (   )가 아니라 선한 영향력을 흘려보내는 (   )로 살기 원합니다."

● "주의 손으로 나를 도우사 나로 (   ) 내게 근심이 없게 하옵소서"

세 번째 기도는 이미지에 대한 기도입니다. "고통의 이미지에서 벗어나, 복된 이미지로 살게 하소서." 지금까지 나는 어떤 이미지였나요? 앞으로 어떤 이미지로 변화되길 원하나요?

"하나님이 그가 구하는 것을 (   )"고 합니다.

야베스의 기도 세 가지 내용을 보면서 가장 소망이 되는 내용은 무엇인가요? 그리고 그 이유는 무엇인가요?

_____
_____
_____

3. 그럼 난?

지금까지 내용을 정리해 봅시다.

(1) 결국 야베스가 구했던 것은?

난 (   )로 살고 싶어요.

(2) 성경은 어려운 환경에서 태어난 야베스를 보고 무엇이라고 하나요?(9절)

"야베스는 그의 형제보다 (   ) 자라"라고 말씀합니다. 인간의 관점으로 보면, 야베스는 족보에 소개된 모든 가족들 중에서 가장 불쌍한 자입니다. 그러나 (   )과 (   )으로 보면 야베스는 가장 귀중하고 존귀한 자입니다. 다른 형제들에게 찾아볼 수 없는 '기도가 있었던' 복된 인생입니다.

(3) 나의 환경이 나의 가치를 정해 주는 것이 아니라, 하나님께서 나의 가치를 정해 주십니다.

나의 환경과 삶의 모습 가운데 한 가지를 적고 각자 나눕니다.

마지막으로 괄호 안에 각자의 이름을 넣어 함께 읽습니다.
"야베스는 기도를 통해, 고통의 통로에서 축복의 통로로 변하며 자존감과 인생의 회복을 경험합니다. 믿음 안에서 (   )도 존귀한 자, 꼭 필요한 자로 살기 위해서, 하나님께서 나를 만드신 목적을 알고 축복의 통로로 살기 위해 기도합니다."

암송 역대상 4:9-10

숙제

"나의 지경을 넓히시고"(대상 4:10)

　19세기의 유명한 두 가정을 분석한 결과입니다. 먼저, 맥스 주크라는 무신론자의 자손 560명의 삶을 추적한 결과 310명이 거지, 200명 이상이 범죄자와 술주정뱅이였는데 그중에서 7명은 살인자였습니다. 한편, 맥스 주크와 동시대에 살았던 조나단 에드워즈(목회자, 신학자)는 1,394명의 자손을 두었고 자녀들을 추적한 결과 300명 이상이 목회자와 선교사, 120명이 대학교수, 60명이 유명한 저술가, 30명이 법관, 14명이 대학 학장, 3명이 국회의원, 1명이 부통령이었습니다.
　신앙생활을 하는가, 그렇지 않은가에 따라 모든 사람의 삶이 에드워즈와 주크와 같이 되는 것은 아닙니다. 그러나 야베스의 기도에서 본 것처럼 한 사람의 영향력이 얼마나 중요한지를 알 수 있습니다.

　믿음 안에서 100점짜리 자존감을 지니고 선한 영향력을 흘려보내는 축복의 통로로 살기 위해 하나님 앞에 세 가지 약속을 해봅시다.

- 하나님과 나와의 관계에서:
- 교회 공동체 안에서:
- 가정과 일터 또는 학교에서:

포인트 필사

"야베스는 그의 형제보다 귀중한 자라 그의 어머니가 이름하여 이르되 야베스라 하였으니 이는 내가 수고로이 낳았다 함이었더라 야베스가 이스라엘 하나님께 아뢰어 이르되 주께서 내게 복을 주시려거든 나의 지역을 넓히시고 주의 손으로 나를 도우사 나로 환난을 벗어나 내게 근심이 없게 하옵소서 하였더니 하나님이 그가 구하는 것을 허락하셨더라"(대상 4:9-10).

그리고 나에게도 허락하셨더라!

포인트 필사 / 따라 쓰기

··
··
··
··
··
··
··

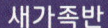

4
하나님, 날 붙잡아 주세요
- 죄와 심판 -

하나님 나라로 초대받는 것을 방해하는 걸림돌이 있는데요. 바로 죄와 심판입니다. 죄와 심판에 대한 이해는 '예수 그리스도를 왜 믿어야 하는가?'와도 연결됩니다. 오늘은 죄와 심판에 대해 살펴봅니다.

1. 마음 열기

무더운 여름에 생선을 밖에다가 그냥 내버려두면 어떻게 될까요? 생선이 썩지 않게 하려면 어떻게 해야 할까요?

_____

_____

2. 말씀 속으로

(1) 죄

사람들은 보통 무엇이 죄라고 생각하나요?

성경이 말하는 죄는 창조주 여호와 하나님 없이 내가 삶의 주인과 왕, 하나님이 되어 살아가는 삶 자체, 즉 (　　)입니다.

"너희가 그것(　　)을 먹는 날에는 너희 눈이 밝아져 (　　)과 같이 되어 (　　)을 알 줄 하나님이 아심이니라"(창세기 3:5).

선악과는 무엇을 의미할까요?
창조주 하나님과 피조물 인간의 (　　)을 의미합니다. 이처럼 '나 왕'이라고 하는 죄의 뿌리로부터 죄의 세 가지 기둥이 올라옵니다.

- 첫 번째 기둥 – 죄는 (　　)이다.
  하나님과 (　　　　) 구별을 무시하는 모습
- 두 번째 기둥 – 죄는 (　　)이다.
  하나님 없이 내가 삶의 (　　　) 이 되어 살려는 모습
- 세 번째 기둥 – 죄는 (　　)이다.
  내가 옳고 틀린 것이 (　　) 이 되어 내 마음대로 살려는 모습

죄는 이러한 결과로 나타나는 (　　　　　　　)과 (　　　　　　　)입니다. 오늘날 사람들을 보면 이 세 가지 중에서 어떤 죄를 가장 많이 범하는 것 같나요?

(2) 죄의 결과: 심판

- 영적인 죽음과 심판: 우리는 하나님을 (　　　) 되었다(창 3:9-10).
- 육체적인 죽음과 심판: 우리는 하나님으로부터 (　　　)되었다.
- 영원한 죽음과 심판: 우리에게 (　　)과 (　　)이 주어졌다(히 9:27; 롬 14:11-12).

(3) 가장 무서운 심판(롬 1:18-32)

하나님이 우리를 그냥 (   ) 두시는 심판입니다. 왜 그럴까요?

우리 안에 있는 (   ) 때문에 하나님의 은혜로 우리를 붙잡아 주시지 않으면, 우리는 무더운 여름의 생선처럼 (   )만 짓다가 부패하여 (   )으로 돌아가기 때문입니다(창 3:19).

3. 그럼 난?

혹시 오늘 죄와 심판에 대한 말씀 때문에 마음이 무겁나요? 성경은 모든 사람이 죄인이라고 합니다(롬 3:23). 맞습니다. 누구도 죄와 심판에서 스스로 빠져나올 수 없고 해결할 수도 없기에 우리에게는 (   )이 필요합니다. 반드시 예수님을 믿고 구원받아야 합니다. 그래서 다음 주에는 죄와 심판에서 건짐받는 구원에 대하여 나누려 합니다.

- 요즘 또는 살면서, 하나님께서 나를 내버려 두지 않고 사랑과 은혜로 붙잡아 주고 계신다는 생각이 언제 가장 많이 드나요? 함께 나누고 마칩니다.

....

....

암송 창세기 3:5

포인트 필사

"너희가 그것을 먹는 날에는 너희 눈이 밝아져 하나님과 같이 되어 선악을 알 줄 하나님이 아심이니라"(창 3:5).

성경이 말하는 죄는, 창조주 여호와 하나님 없이 내가 삶의 주인과 왕, 하나님이 되어 살아가는 자체 즉 '나 왕'입니다.
착하게 살든지 나쁘게 살든지 '나 왕'으로 살아가는 자체가 죄입니다. 죄의 결과로 세 가지, 곧 영적, 육체적, 영원한 죽음과 심판에 이르게 됩니다. 그래서 우리에게는 모든 죄와 모든 심판에서 건짐을 받는 구원이 필요합니다.

포인트 필사 / 따라 쓰기

새가족반

5
당신을 위한 최고의 선물

하나님 나라로 초대된 우리에게는 최고의 선물이 준비되어 있어요. 바로 '구원'이라는 선물입니다. 그래서 '구원받는다'라고 합니다. 구원은 하나님께서 우리에게 은혜로 주시는 최고의 선물입니다. 오늘은 구원의 선물에 대해 살펴봅시다.

1. 마음 열기

지금까지 받았던 선물 중에서 가장 기억에 남는 선물은 무엇인가요?
하나님께서 우리에게 주시는 최고의 선물은 예수님을 통해 주시는 (   )의 선물입니다. '구원받았다'라는 말은 '건짐받는다'라는 의미예요.

2. 말씀 속으로

(1) 선물을 주는 이유

우리가 누군가에게 선물을 주는 이유는 무엇이죠? 선물을 받는 사람이 (   )이 있어서 주는 것이 아니라, (   )하기 때문입니다.

자격 없는 우리의 모습을 살펴봅시다.
- 로마서 3:23 – 나는 (   )한다.
- 로마서 6:23 – 나는 (   )한다.
- 히브리서 9:27 – 나는 (   )을 받는다.

(2) 선물 준비

누군가에게 주기 위해 선물을 준비하는 사람의 마음은 어떨까요?

나에게 선물을 주시려고 하나님은 어떤 준비를 하셨을까요?

(   )부터 (   ) 안에서 나를 위해 준비하셨습니다(엡 1:4). 나의 삶을 되돌아보면서 하나님께서 지금까지, 여기까지 어떻게 인도하셨는지를 나누어 봅시다. 이 모든 것이 구원의 선물을 주기 위한 하나님의 준비였음을 알 수 있어요.

(3) 선물 받기

나는 어떻게 구원받을 수 있습니까?
- 에베소서 2:8-9 – 내가 예수님을 (   )으로
- 요한복음 1:12 – 내가 예수님을 (   )으로
  영접은 기쁘게 (   ), 환영하다(welcome)라는 의미예요.

예수님을 영접한다는 것은 다음과 같습니다.
- 새 왕을 영접:

- 새 통치를 영접:
- 새 정책과 법을 영접:
- 새 순종을 영접:
- 새 나라를 영접:
- 새 선교를 영접:
- 새 비전을 영접:

● 지금까지 예수님을 믿고 영접함으로 구원받을 수 있음을 보았습니다. 특히, 예수님을 영접하는 7가지 의미를 볼 때, 어떤 생각과 마음이 드나요? 함께 나누어 봅시다.

3. 그럼 난?

우리는 구원의 선물을 받을 자격이 없습니다. 그러나 하나님께서는 우리를 사랑하셔서 예수님을 통해 구원의 선물을 주십니다. 우리에게 구원의 선물을 주시기 위해 창세 전부터 그리스도 안에서 준비하고 계획하셨습니다. 이제 우리는 예수님을 믿고 영접함으로 (   )받고 (   )가 되며 (   )의 통치가 우리의 삶에 시작됩니다. 이 모든 것이 거저 주시는 구원의 선물입니다. 그래서 신앙생활을 처음 시작할 때, 누구든지 이 찬송을 부르면 감동을 받습니다.
새찬송가 563장 "예수 사랑하심을" 함께 불러 볼까요?

찬송을 함께 드렸는데, 마음이 어떠세요?

● 오늘 나눈 내용을 기억하면서 에베소서 2장 8-9절을 함께 읽고 마치겠습니다.

암송 에베소서 2:8-9; 요한복음 1:12

포인트 필사

"너희는 그 은혜에 의하여 믿음으로 말미암아 구원을 받았으니 이것은 너희에게서 난 것이 아니요 하나님의 선물이라 행위에서 난 것이 아니니 누구든지 자랑하지 못하게 함이라"
(엡 2:8-9).

포인트 필사 / 따라 쓰기

新가족반

6
영접이 뭐예요?

먼저 요한복음 1장 12절을 읽어 봅시다.

"영접하는 자 곧 그 이름을 믿는 자들에게는 하나님의 자녀가 되는 권세를 주셨으니"

우리가 구원받을 수 있는 유일한 조건은, 오직 은혜 안에서 오직 예수님을 믿고 영접하는 것입니다. 다음의 질문을 통해 이 사실을 확인하고 체크해 봅시다.

1. 말씀을 다 지켜야 구원받는다. (맞다, 틀리다)
2. 죄가 하나도 없어야 구원받는다. (맞다, 틀리다)
3. 착한 일을 많이 해야 구원받는다. (맞다, 틀리다)
4. 돈이 많아야 구원받는다. (맞다, 틀리다)
5. 술과 담배 그리고 욕을 하지 않아야 구원받는다. (맞다, 틀리다)

6. 오직 은혜와 예수님을 믿음이 구원의 조건이다. (맞다, 틀리다)

7. 사람을 죽이면 세상에서는 반드시 처벌받지만, 하나님 앞에서는 오직 은혜와 오직 예수님을 믿음으로 구원받을 수 있다. (맞다, 틀리다)

8. 예수님을 믿음으로 나는 하나님의 자녀가 된다. (맞다, 틀리다)

9. 예수님을 믿음으로 나의 과거, 현재, 미래의 모든 죄가 용서함을 받고 천국에 간다. (맞다, 틀리다)

10. 예수님을 믿음으로 더 이상 나는 죄인이 아니라 용서받은 의인이 되었다. (맞다, 틀리다)

11. 나는 예수님의 은혜와 사랑으로 구원받았기 때문에 하나님의 말씀을 따라 변화된 삶을 살아야 한다. (맞다, 틀리다)

12. 오직 은혜와 오직 믿음 외에 다른 것은 구원의 조건이 될 수 없다. 은혜는 자격이 없는 사람에게 주어지는 선물인데, 다른 것이 조건이 된다면 은혜가 아니라 구원의 조건에 따라 받는 것이 되기 때문이다. (맞다, 틀리다)

13. 예수님을 믿고 영접하기
    - 영접은 '받아들인다'라는 뜻이다. (맞다, 틀리다)
    - 믿음은 지식, 감정, 의지 세 영역에서 예수님을 기쁨으로 기꺼이 받아들이는 것을 말한다. (맞다, 틀리다)
    - 첫째, 지식적으로 우리는 말씀을 듣고 '아, 이 말이 맞다'라는 생각으로 예수님에 대한 복음의 내용을 기쁨으로 받아들인다. (맞다, 틀리다)
    - 둘째, 감정적으로 '예수님께서 나의 죄를 위해 대신 십자가를 지실 때 얼마나 아프셨을까?' 하는 마음으로 예수님을 받아들인다. (맞다, 틀리다)
    - 셋째, 의지와 행동으로 '나는 죄인입니다. 나의 죄를 용서해 주세요!'라고 회개하며 하나님께로 돌이키도록 예수님을 기쁨으로 받아들인다. (맞다, 틀리다)

14. 예수님을 영접할 때 엄청난 체험을 해야만 구원받은 것이다. (맞다, 틀리다)

15. 내가 구원받았다는 것은 성경의 증거와 성령의 증거(하나님을 아버지로 부르는 모습)로 확신한다. (맞다, 틀리다)

16. 구원받은 나는 죄를 끊고, 나의 왕인 하나님의 명령(말씀)을 따라 살아야 한다. (맞다, 틀리다)

17. 아무리 착하게 살아도 예수님을 믿지 않고 내가 주인과 왕으로 살면 지옥에 간다. (맞다, 틀리다)

함께 진실로 고백하며 기도하겠습니다.

"하나님 아버지! 저는 제 인생의 주인과 왕이 되어 하나님 없이 마음대로 살았습니다. 이러한 모습 가운데 하나님을 향해 마음으로 행동으로 죄를 지었습니다. 이제 나를 사랑하여 보내 주신 독생자 아들이신 예수님을 믿습니다. 예수님은 나를 사랑하셔서 이 땅에 와서 나의 죄를 위해 죽었다가 3일 만에 다시 살아나셨으며, 이제 다시 오실 구원자임을 믿습니다. 내 안에 보내 주신 성령님을 통해 하나님을 이제 아버지라 부릅니다. 하나님 아버지! 이제 저는 하나님의 것입니다. 이제 나의 왕은 하나님입니다. 왕의 명령을 따라 살겠습니다. 저를 하나님의 자녀로 삼아 주시고 구원하여 주시니 감사합니다. 예수님의 이름으로 기도합니다. 아멘!"

● 한 주간 위의 내용을 바탕으로 각자의 영접 기도문을 작성해서 다음 주에 함께 나누겠습니다.

새생명반
(하나님 나라의 기초)

1. 구원의 확신

2. 내가 다시 태어났다고요?

3. 성경

4. 기도

새로운 건물을 세우려면 먼저 낡은 건물을 허물어야 합니다. 우리의 삶에 하나님 나라를 세우기 위해 내가 삶의 주인과 왕으로 살아왔던 지난날들을 되돌아보며 허무는 시간을 가졌습니다. 이처럼 새가족반은 하나님 나라로 초대되어 '나 왕'을 허물고 주 왕을 영접하는 복된 시간이었습니다.

새로운 건물을 세울 때 기초가 중요합니다. 새생명반에서는 하나님 나라의 기초에 대해 살펴봅니다.

다음의 그림을 보고 어떤 느낌 또는 어떤 생각이 드는지 나누어 봅시다.

'새생명'이라는 이미지를 떠올려보기 위해 앞서 그림을 살펴봤습니다.

우리는 예수 그리스도로부터 '새생명'을 얻었습니다.

우리는 강아지풀처럼 작은 바람에도 흔들리고 넘어집니다. 그러나 강아지풀이 어떤 손에 이미 붙들려 있기 때문에 안전한 것처럼 우리도 이미 그리스도 안에 속해 있음을 잊지 마세요. 하나님 나라의 기초는 오직 '그리스도 안에 있으면'에서 시작합니다. 이제 우리의 삶은 그리스도 안에 속해 있습니다.

고린도후서 5장 17절을 읽어 봅시다.

"그런즉 누구든지 그리스도 안에 있으면 새로운 피조물이라 이전 것은 지나갔으니 보라 새것이 되었도다."

이제 그리스도 안에서 새로운 창조가 시작됩니다. '나 왕'으로 살던 삶은 지나갔습니다. 새롭게 지음받은 새로운 피조물이 되었고 날마다 하나님께서 새롭게 하십니다. '보라 새것이 되었도다'라고 서로 축복하면서 새생명반을 시작해 볼까요?

새생명반

1
구원의 확신

1. 마음 열기

하나님께서 하나님 나라 백성으로 아브라함과 이스라엘을 부르셨습니다. 이와 같이 우리도 예수 그리스도를 믿음으로 구원을 받아 하나님 나라의 백성이 되었습니다. 그럼, 내가 구원받았음을 무엇을 통해 알 수 있을까요?

2. 말씀 속으로

(1) 외적인 증거(약속의 말씀)

예수님께서 믿는 자에게 약속하신 것은 무엇인가요?(요 5:24)

- 과거: (   )
- 현재: (   )을 얻었고 / (   )으로 옮겼느니라
- 미래: (   )에 이르지 아니하나니

이것은 사실이기 때문에 어떤 느낌이나 감각으로 확증할 필요가 없습

니다. 다만, 믿으면 됩니다. 요한복음 5장 24절에서, 예수님께서 약속하신 믿는 자의 과거, 현재, 미래에 대한 말씀 중 가장 소망이 되는 말씀은 무엇인가요?

(2) 내적인 증거(성령의 증거)

로마서 8장 14-16절을 읽고 구원받은 자의 세 가지 특징을 찾아봅시다.
- 14절 하나님의 (   )으로 인도함을 받는다.
- 15절 하나님을 (   ) 아버지라고 부르짖는다.
- 16절 우리가 하나님의 자녀인 것을 (   )하신다.

우리가 구원받았음을 확신할 수 있는 성령의 증거 세 가지를 봤습니다. 이 세 가지 중에서 요즈음 가장 많이 누리고 있는 성령의 증거는 무엇인가요?

(3) 삶에서의 증거(삶의 변화)
- 로마서 8:5 – 생각의 변화: 가장 (   ) 힘든 (   )이 달라진다.
- 고린도전서 12:3 – 언어의 변화: 예수님을 (   )로 고백한다.
- 갈라디아서 5:22-23 – 인격의 변화: (   )이 달라진다.

구원을 확신하는 삶에서의 증거(삶의 변화)를 살펴봤는데요. 나 자신을 볼 때, 세 가지 변화 중에서 가장 많은 변화를 누리게 된 것이 무엇인가요?

3. 그럼 난?

구원의 확신이 왜 중요할까요?

신앙생활의 (   )와 (   )이기 때문입니다. 새로운 건물을 세울 때 기초가 되는 바닥공사를 튼튼하게 해야 하는 것처럼, 구원의 확신은 튼튼하고 흔들리지 않는 신앙생활의 기초가 됩니다.

바닥이 흔들리면 그 위에 아무것도 세울 수 없는 것처럼, 구원의 확신이 흔들리면 그 위에 아무것도 세울 수 없어요. 이 모든 것이 나의 완벽한 확신이 아니라 오직 그리스도 안에서 이루어지는 것이기 때문에, 때로 믿음이 연약해져도 다시 약속의 말씀을 의지하고 성령을 통해 내적인 증거를 경험하고 다시 삶의 변화로 나아갈 수 있어요. 마지막으로 오늘 구원의 확신에 대해 나누면서 감사한 점을 나누어 봅니다.

암송 요한복음 5:24

포인트 필사

신앙생활은 하나님 나라를 반대하는 삶의 체계에서 하나님 나라의 통치를 받는 삶의 체계로 개혁되는 것인데요. 그 변화의 출발이 '나 왕'에서 '즉 왕'으로 생각을 바꾸는 것입니다. 그래서 신앙생활은 나의 삶의 주인과 왕을 나에서 예수님으로 바꾸고, 세상 나라 방식을 버리고 하나님 나라 방식으로 살아가는 것입니다.

포인트 필사 / 따라 쓰기

[새생명반]

2
내가 다시 태어났다고요?

1. 마음 열기

내가 완벽하게 변화되어 하나님의 자녀가 된 걸까요? 아니면, 하나님의 자녀로 다시 태어났기 때문에 하나님 나라의 통치를 따라 변화되어 가는 걸까요?

....

....

"그는 허물과 죄로 (   ) 너희를 살리셨도다"(엡 2:1).

거듭나지 않으면 (   )를 볼 수 없고(요 3:3), 물과 성령으로 다시 태어나지 않으면 (   )에 들어갈 수 없습니다(요 3:5). 그럼, 거듭날 때 어떤 변화가 일어날까요?

2. 말씀 속으로

🌱 놀라운 변화의 시작!

거듭날 때 우리 안에 놀라운 변화가 일어납니다. 놀라운 변화의 (   )이 아니라, 놀라운 변화의 시작이며 (   )이에요.

(1) 호적의 변화: (   )에서 (   )으로
- 요한복음 8:34 – 죄를 범하는 자마다 죄의 (   )이라
- 로마서 6:18 – 죄로부터 (   )되어 의에게 종이 되었느니라

(2) 신분의 변화: (   )에서 (   )로
- 로마서 5:8 – 우리가 아직 (   ) 되었을 때에
- 요한일서 3:2 – 사랑하는 자들아 우리가 지금은 (   )라

(3) 인도의 변화: (   )를 따르는 삶에서 (   )을 따르는 삶으로
- 에베소서 2:2 – 공중의 (   ) 잡은 자를 따랐으니
- 갈라디아서 5:18 – 너희가 만일 (   )의 인도하시는 바가 되면 율법 아래에 있지 아니하리라

이 모든 것이 거듭남으로 이루어지는 놀라운 변화입니다. 세 가지 놀라운 변화 중에서 가장 감사한 것은 무엇인가요?

....

....

3. 그럼 난?

거듭남으로 우리 안에 놀라운 변화가 시작되었습니다. 혹시 이러한 놀라운 변화의 시작을 의심하게 하는 것이 있나요? 잊지 마세요. 거듭남은 놀라운 변화의 시작입니다. 때로는 넘어질 때도 있고 의심할 때도 있을 수 있어요. 그러나 이미 우리는 그리스도 안에서 거듭남으로 하나님 나라가 시작되었고, 하나님 나라의 통치 안에 살고 있습니다. 이 사실을 감사하면서, 요한복음 3장 3절과 3장 5절을 함께 읽고 마치겠습니다.

[암송] 요한복음 3:3, 5

포인트 필사

"예수께서 대답하여 이르시되 진실로 진실로 네게 이르노니 사람이 거듭나지 아니하면 하나님의 나라를 볼 수 없느니라"(요 3:3).
"예수께서 대답하시되 진실로 진실로 네게 이르노니 사람이 물과 성령으로 나지 아니하면 하나님의 나라에 들어갈 수 없느니라"(요 3:5).

포인트 필사 / 따라 쓰기

_____
_____
_____
_____

3
성경

1. 마음 열기

'성경' 하면 무엇이 떠오르나요?
　말씀에 순종하여 하나님의 주권과 통치가 이루어지는 곳, 그곳이 바로 하나님 나라이며, 하나님 나라를 누리는 것이 하나님 자녀가 받는 참된 복이에요.

　　　"높은 산이 거친 들이 초막이나 궁궐이나
　　　내 주 예수 모신 곳이 그 어디나 하늘나라"(새찬송가 438장)

이 찬송가 가사에서 "그 어디나 하늘나라"는 어떤 의미일까요?

오늘은 성경에 대해 살펴봅시다.

2. 말씀 속으로

(1) 성경의 기원

기원이란, 사물이 만들어진 본바탕을 말합니다. 성경은 1,600년간 40명의 기자들에 의해서 66권(3×9=27, 구약 39권 신약 27권)으로 기록된 책으로서 신앙생활의 기준입니다.

- 믿음의 책 – 디모데후서 3:16 "모든 성경은 (   )으로 된 것으로"
- 이해의 책 – 베드로후서 1:21 "예언은 언제든지 사람의 뜻으로 낸 것이 아니요 오직 성령의 (   )을 받은 사람들이 하나님께 받아 말한 것임이라"

성경은 하나님의 영인 성령의 감동을 받은 사람들이 기록한 책입니다. 성경이 '믿음의 책'이며 '이해의 책'이라고 할 때 어떤 마음이 드나요? 혹시 한쪽으로 치우쳐 성경을 대한 적은 없나요?

---

(2) 성경의 중심 주제

모든 책은 질서 없이 기록되지 않고 하나의 주제로 기록됩니다. 성경도 마찬가지예요. 신구약 성경은 오직 예수 그리스도에게 초점을 맞추고 있습니다. 구약은 죽으시고 부활하심으로 우리를 구원하시고 하나님 나라를 이루기 위해 (   )에 대해, 신약은 죽으시고 부활하심으로 우리를 구원하시고 하나님 나라를 이루기 위해 (   )에 대해 이야기하고 있어요.

- 누가복음 24:27 "이에 모세와 (   ) 시작하여"

- 요한복음 5:39 "너희가 성경에서 (   )을 얻는 줄 생각하고"
- 로마서 10:17 "믿음은 들음에서 나며 들음은 그리스도의 (   )으로 말미암았느니라"

이단에서 성경을 이상하게 해석해 이단 교주를 신격화하는 모습을 볼 때 어떤 마음이 드나요?

....

....

(3) 성경의 유익
- 베드로전서 1:23 – 성경은 우리를 (   )나게 한다.
- 시편 119:105 – 성경은 우리의 삶을 (   ) 준다.
- 에베소서 4:15 – 성경은 우리를 (   )에게까지 (   ) 한다.

세 가지 유익 중에 어떤 유익을 가장 많이 누리고 있고, 어떤 유익을 더욱더 누리길 원하나요?

....

....

3. 그럼 난?

변함없고 절대적인 진리인 성경은, 말씀, 언약(약속), 법, 증거, 법도, 율례, 계명, 율법, 길, 강령, 규례 등 다양한 표현으로 성경에 나타납니다. 성경에 기록된 모든 말씀은 하나님 나라의 헌법이며 정책입니다. 그래서 내 주 예수님을 모시고 말씀에 순종하여 하나님의 주권과 통치가 이루어지는 곳, 그곳이 바로 하나님 나라이며, 하나님 나라를 누리는 것이 하나님 자녀의 참된 복이랍니다. 성경을 읽고 듣고 묵상하며 이 복을 누리길 소망해요.

함께 시편 119편 103절을 읽습니다.

"주의 말씀의 맛이 내게 어찌 그리 단지요 내 입에 꿀보다 더 다니이다."

암송 디모데후서 3:16

포인트 필사

말씀에 순종하여 하나님의 주권과 통치가 이루어지는 곳, 그곳이 바로 하나님 나라이며, 하나님 나라를 누리는 것이 하나님 자녀의 참된 복이랍니다. 성경은 교훈(기준 제시), 책망(회개, '내 왕'에서 '주 왕'으로), 바르게 함(하나님 나라의 방식으로 수정), 의로 교육(순종의 훈련) 하기에 유익해요. 나도 순종하길 원해요!

포인트 필사 / 따라 쓰기

4
기도

1. 마음 열기

어렸을 때, 부모님에게 무언가 졸라서 얻었던 경험이 있나요? 얻었을 때, 부모님이 나에게 내가 구한 것을 주신 이유는 무엇일까요? 맞아요. 사랑 때문입니다. 기도는, 사랑의 관계 안에서 이루어지는 사랑의 소통입니다. 오늘은 기도에 대해 살펴봅니다.

2. 말씀 속으로

(1) 기도해야 하는 이유

- 예레미야 33:3 – 하나님은 우리에게 (   )하시는 분이기 때문이다.
- 마태복음 7:7-8 – 기도는 주님의 사랑이 담긴 (   )이기 때문이다.
- 마태복음 6:9-10 – 기도를 통해 하나님 (   )와 하나님의 (   )이 이 (   )에 이루어지기 때문이다.

(2) 응답받는 기도의 자세

- 자녀로서 믿음의 (   )으로 구하라(눅 11:5-8)

  그렇다면 간청함이란 무엇일까요?

- 기도하라(막 1:35)

  기도는 이론과 지식이 아니라 (   )입니다.

- 낙심하지 말고 기다리라(눅 18:1-8)

지금까지 응답받는 기도의 자세에 대해 나누었는데, 가장 소망이 되는 내용은 무엇인가요?

---

(3) 기도의 방해 요소

- 시편 66:18 - (   )은 기도를 방해한다.
- 빌립보서 4:6-7 - (   )는 기도를 방해한다. (   )와 기도는 천적 관계입니다.

3. 그럼 난?

기도는 사랑의 관계 안에서 이루어지는 사랑의 소통입니다. 교회 역사를 보면 우리에게 도움을 주는 기도에 대한 고백들이 많이 있는데, 그중 몇 가지를 소개합니다.

기도는 신자의 유일한 무기이다. - 프랜스 톰슨

기도하지 않고 성공했다면 그것 때문에 망한다. - 찰스 스펄전

기도란 하나님과 가장 진실되고 친밀한 대화를 나누는 것이다. - 존 녹스

나는 오늘 해야 할 일이 너무 많기 때문에 기도하는 시간을 갖기 위해서 한 시간 더 일찍 일어난다. - 마르틴 루터

기도는 '영혼의 호흡'이라고 합니다. 중요한 것은 나의 고백인데요. 오늘 나는 기도에 대한 내용을 통해 기도가 무엇인지 각자의 고백으로 표현하고 나누어 봅시다. 그리고 각자의 기도 제목을 나누고 함께 기도해요.

암송 누가복음 11:8, 18:1

포인트 필사

간청함이란? '창피함을 무릅쓰고, 뻔뻔하게, 끝까지'라는 의미인데요. 자녀로서 믿음의 담대함으로 기도하길 원해요. 또 복된 신앙생활을 위해 항상 기도하고 낙심하지 말아야 합니다. 기도하고, 살고, 기다리고, 또 기도하고, 살고, 기다려야 합니다. 하나님의 때에 기도가 응답되도록 기다려야 합니다.

포인트 필사 / 따라 쓰기

....
....
....
....

양육반
(하나님 나라로 뿌리내림)

1. 신분과 수준

2. 구원에 대한 새로운 이해

3. 구원받은 자의 책임(1): 거룩한 삶

4. 구원받은 자의 책임(2): 능력 있는 삶

5. 구원의 견고함

새가족반에서 하나님 나라로 초대되어, 예수님을 믿음으로 '나 왕'에서 '주 왕'으로 하나님 나라의 통치가 시작되었습니다. 새생명반에서 오직 예수 그리스도 안에서 하나님 나라 기초가 세워졌습니다. 구원의 확신과 거듭남(하나님 나라 백성), 성경(하나님 나라 주권을 인정하는 순종), 기도(이 땅에 하나님 나라와 그의 뜻이 이루어지게 하는)가 그 기초입니다. 새로운 건물의 기초 공사를 튼튼하게 하는 것과 같이 하나님 나라 기초를 세우는 내용을 나누었습니다.

이제, 양육반에서는 하나님 나라로 뿌리내림을 살펴보려고 합니다. 먼저, 다음의 그림을 보고 느낀 점을 나누어 봅시다.

....

....

하나님 나라로 뿌리내림은 '자라가라'입니다.

베드로후서 3장 18절을 함께 읽어 볼까요?

"오직 우리 주 곧 구주 예수 그리스도의 은혜와 그를 아는 지식에서 **자라 가라** 영광이 이제와 영원한 날까지 저에게 있을지어다."

베드로 사도는 박해와 핍박 속에 있는 초대교회 성도들을 위로하고 권면하기 위해 편지를 씁니다. 그 편지의 결론은, 예수 그리스도의 은혜와 저를 아는 지식에서 자라가라는 것입니다. 믿음이 자라갈 때, 고난을 이기게 됩니다. 어린 시절에는 학교 운동장이 커 보였는데 성인이 된 후에는 운동장이 작아 보이는 것처럼, 믿음이 자라나면 고난이 더 이상 고난으로 보이지 않게 됩니다.

이렇게 자라나기 위해서 예수 그리스도께서 이루신 구원에 대해 깊이 나누어 봅시다. 그래서 예수 그리스도께 뿌리를 내리고 자라가길 소망합니다. 우리의 모든 삶이, 하나님 나라로 뿌리내리길 바랍니다.

양육반

양육반

1
신분과 수준

1. 마음 열기

성도들이 신앙생활을 할 때 무엇을 힘들어할까요? 성도마다 다양한 어려움을 가지고 있어요. 그 모든 내용을 정리해 보면, 신분과 수준의 불일치입니다.

(　　　)은 하나님의 자녀인데, 살아가는 (　　　)은 (　　　) 답지 않습니다. 이러한 모습은 우리에게 부정적인 영향을 줍니다. "내가 살아가는 모습을 볼 때, 난 하나님의 자녀가 아니야. 이렇게 살아가는 나를 하나님은 사랑하시지 않아!" 신분과 수준의 불일치는 우리를 (　　　)에 빠지게 합니다.

또 신분과 수준의 불일치는 우리를 (　　　) 신앙생활에 빠지게 합니다. '더 착한 일, 기도, 봉사, 예배를 많이 드려서 하나님께 사랑받아야지'라고 생각하고 있나요?

우리의 신분은 하나님의 자녀인데 삶의 수준이 하나님의 자녀답지 못할 때, 오직 예수님만 바라보며 예배하면 됩니다. 오직 예수님 안에서 (　　　) 하나님의 자녀라는 신분을 먼저 바라보며 하나님께 나아갈 때, 하나님의 자녀답게 살 수 있는 (　　)를 주십니다.

　신분과 수준의 불일치 속에서 정죄감이나 율법적인 신앙생활에 빠진 적이 있는지 나누어 봅니다.

2. 말씀 속으로

🌱 신분과 수준 이야기(눅 15:11-24)

(1) 아들이 생각하는 아들의 신분

　본문에서 둘째 아들의 신분은 변함없는 아버지의 자녀인데도, 자기 삶의 수준을 보고 신분에 대해 생각합니다. 그 부분을 찾아서 적어 봅니다.

- (　　)절: (　　　)하여 그 재산을 낭비하더니 – 돼지가 먹는 쥐엄 열매도 못 얻어 먹는 삶의 수준을 보고 자신의 신분을 (　　)로 생각한다.
- (　　)절: 내가 하늘과 아버지께 (　　)를 지었사오니 – 죄를 지은 삶의 수준을 보고 자신의 신분을 (　　)으로 생각한다.
- (　　)절: (　　)의 하나로 보소서 – 아버지 앞에 부끄러운 자신의 삶의 수준을 보고 자신의 신분을 (　　)으로 생각한다.
- (　　)절: 지금부터는 아버지의 (　　)이라 일컬음을 감당하지 못하겠나이다 – 아버지께 돌아가 아버지 품에 안겼는데도 여전히 눈치를 보는 삶의 수준을 보고, 자신의 신분을 (　　)가 많은 자녀로 생각한다.

우리에게도 이러한 모습이 많습니다. 하나님의 자녀답게 살지 못하는 삶의 수준을 보고, 하나님 자녀라는 신분에 대해 고민합니다. 둘째 아들의 모습을 보면서 나 자신과 비슷한 모습을 나누어 볼까요?

....

....

(2) 아버지가 생각하는 아들의 신분

그럼, 본문에서 둘째 아들을 향한 아버지의 마음과 아들의 신분에 대한 생각이 나타난 부분의 말씀을 찾아볼까요?

- 마음: (　　)절 "아버지가 그를 보고 측은히 여겨"
  아버지는 둘째 아들을 변함없이 (　　) 여기고 사랑하신다.
- 생각하는 신분: (　　)절 "제일 좋은 (　　)을 내어다가 입히고 손에 (　　)를 끼우고 발에 (　　)을 신기라"
  오히려 아버지는 아들의 손에 가락지를 끼우고 잔치를 열어 준다.

"이 내 아들은 죽었다가 다시 살아났으며"(24절).

(3) 신분과 수준의 불일치

나 자신은 때때로 둘째 아들처럼, 나의 (　　　)을 보고 정죄감에 빠져 좌절하고 율법적인 신앙생활에 빠져 애쓰려고 합니다.

그러나 하나님 아버지는 나의 삶의 수준이 아니라 예수님 안에서 변함없는 (　　　)을 보고 나를 사랑하여 주십니다. 그리고 하나님의 자녀답게 살 수 있는 (　　　)를 주십니다.

3. 그럼 난?

예수님의 은혜 안에서 '어쩌라고?' 하는 뻔뻔한 모습이 필요해요. 각자 이렇게 고백해 봅시다.
"나의 삶의 수준은 (   ). 하지만 괜찮아. 난 하나님의 자녀야!"

올림픽 육상 종목에는 장애물 달리기가 있어요. 출발선에서 신호가 떨어지면 선수들은 장애물을 하나씩 넘으며 결승선까지 달립니다. 신앙생활도 비슷합니다. 우리도 하나님 자녀로 거듭나면서 신앙생활 레이스가 시작되었습니다. 하나님 나라의 통치를 경험하는, 놀라운 변화가 시작되었습니다.

가장 먼저 넘어야 할 장애물은, (   )의 불일치입니다. 이 문제를 넘어야 그다음으로 나아갈 수 있습니다. 결승선을 바라보며 장애물을 넘고 달리는 선수처럼, 오직 예수님만 바라보십시오! 우리 삶의 수준이 어떠하든지, 오직 예수님께 뿌리내리고 하나님 자녀라는 신분을 확신하며 달려가십시오!

신분과 수준에 대해 살펴보며, 감사한 점을 나누고 마칩니다.

암송 누가복음 15:20, 24

포인트 필사

우리가 어떠한 죄악과 어떠한 상황에 있든지, 오직 예수님 안에서 변함없는 하나님의 자녀라는 신분을 먼저 바라보며 하나님께 나아갈 때, 하나님의 자녀답게 살 수 있는 은혜를 주십니다.

"이에 일어나서 아버지께로 돌아가니라 아직도 거리가 먼데 아버지가 그를 보고 측은히 여겨 달려가 목을 안고 입을 맞추니"(눅 15:20).

"이 내 아들은 죽었다가 다시 살아났으며 내가 잃었다가 다시 얻었노라 하니 그들이 즐거워하더라"(눅 15:24).

포인트 필사 / 따라 쓰기

> 양육반

2
구원에 대한 새로운 이해

1. 마음 열기

한 주 동안 삶의 수준은 연약했지만 하나님 자녀라는 신분을 생각하면서 힘을 얻었던 일이 있다면 나누어 봅니다.

'이단에 빠진 사람들' 하면 어떤 생각이 나죠? 왜 이런 일이 일어날까요?

구원에 대한 왜곡된 이해 때문입니다. 구원에 대한 왜곡된 이해는 왜곡된 삶을 살게 합니다. 반대로 구원에 대한 균형 잡힌 이해는 균형 있는 삶을 살게 합니다.

2. 말씀 속으로

구원은 '건짐받는다'라는 의미예요. 인간 스스로 빠져나올 수 없는 모든 죄와 모든 심판으로부터 예수님을 믿음으로 건짐받는 거예요. 성경은 구원에 관해 과거형, 현재형, 미래형으로 그 풍성한 의미를 전하고 있어요.

(1) 과거형-이미 구원을 (   )
- 에베소서 2:4-5 "긍휼이 풍성하신…그 큰 사랑을 인하여 허물로 죽은 우리를 그리스도와 함께 (   )"
- 에베소서 2:8 "믿음으로 말미암아 구원을 (   )"

구원의 과거형을 볼 때, 나의 모습이 신분에 맞는 삶의 수준이 없으면 구원을 받지 못한 걸까요?

_____
_____

그럼, 구원의 과거형에 대한 말씀은 우리에게 어떤 유익을 줄까요?

_____

(2) 현재형-날마다 구원을 (   )
- 빌립보서 2:12 - 현재의 삶에서 (   ) 하나님의 말씀에 복종하여 두렵고 떨림으로 여러분의 구원을 이루어 가십시오.
- 베드로전서 2:2 - 갓난아기들이 생명이 있기 때문에 어미의 젖을 찾아 먹고 자라나는 것처럼, 그리스도의 생명을 얻은 여러분은 신령하고 순전한 젖인 (   )을 찾아서 먹어야 합니다.
- 시편 68:19-20 - 우리를 모든 죄와 모든 심판에서 건지신 하나님은,

날마다 현재의 삶에서 겪는 인생의 짐에서도 (   ) 구원의 하나님이십니다.

그럼, 구원의 현재형에 대한 말씀은 우리에게 어떤 유익을 줄까요? 이미 과거에 구원을 받았으니 (   )하는 삶이 아니라, 날마다 하나님의 주권에 순종하여 주님을 따르는 삶으로, 날마다 인생의 짐에서 구원을 (   )하는 삶을 살게 합니다.

(3) 미래형-주님이 오실 때에 완전한 구원을 (   )

- 데살로니가전서 4:16-17 – 예수님께서 이 땅에 만왕의 왕으로 다시 오시는 재림의 때에, 죽은 성도들이 먼저 부활하고 그때까지 살아남은 성도들도 끌어올려 주님을 영원한 왕으로 영접하게 되며, 우리가 항상 주와 함께 있게 됩니다. 이것을 (   )라고 해요.

그럼, 구원의 미래형에 대한 말씀은 우리에게 어떤 유익을 줄까요? 그리스도인이 어떠한 유혹, 고난 속에서도 (   )

3. 그럼 난?

구원에 대한 큰 오해가 있습니다. "나는 세례받고 예수님을 믿었으니까 다된 거 아닌가?"라고 누군가 말한다면 이제 우리는 아니라고 해야 합니다. 그럼, 구원이란 무엇일까요? 함께 읽어 봅시다.

"그리스도인이 예수님을 닮아가고 따르는 평생의 삶의 과정입니다."

어느 한순간에 믿고 끝나는 것이 아니라, 평생의 삶의 과정입니다.

오늘 '구원에 대한 새로운 이해'를 나누며, 감사한 점이나 깨달은 점을 이야기해 봅시다. 그리고 각자의 기도 제목을 나누고 함께 기도합니다.

암송 **빌립보서 2:12**

포인트 필사

구원이란, 그리스도인이 예수님을 닮아가고 따르는 평생의 삶의 과정입니다. 어느 한순간에 믿는 것으로 끝이 아니라, 평생의 삶의 과정입니다.

"그러므로 나의 사랑하는 자들아 너희가 나 있을 때뿐 아니라 더욱 지금 나 없을 때에도 항상 복종하여 두렵고 떨림으로 너희 구원을 이루라"(빌 2:12).

포인트 필사 / 따라 쓰기

> 양육반

3
구원받은 자의 책임(1): 거룩한 삶

1. 마음 열기

먼저 지난주에 암송한 빌립보서 2장 12절을 함께 고백해요.

한 주간 살면서 '구원에 대한 새로운 이해'(과거형, 현재형, 미래형)로 인해 힘이 되었던 점을 나눕니다.

하나님께서는 구원받은 하나님 자녀들을 즉시 천국으로 데려가지 않으십니다. 오히려 이 땅에서 하나님 나라의 (　　)를 받고 이를 나타내는 제자의 삶을 살게 하십니다. 우리를 부르신 가정, 일터, 학교, 교회, 세상에서 구원받은 자의 (　　) 있는 삶을 살게 하십니다. 하나님 나라의 통치를 받는 삶은, (　　)으로 죄를 이기고 예수 그리스도께 뿌리내리며 자라갑니다.

2. 말씀 속으로

(1) 거룩한 삶이 필요한 이유

- 우리의 몸이 성령의 전이 되었기 때문에
  - 고린도전서 3:16-17 – 예수님을 믿음으로 우리의 몸은 (   ) 이 거하시는 성전이 되었어요.
  - 고린도전서 6:19-20 – 하나님께서 그리스도의 보혈의 (   )으로 우리를 죄의 노예에서 건져 주셨어요
- 우리를 부르신 이 땅에 하나님 나라를 이루어가기 위해서
  - 레위기 18:1-5
  - 레위기 18:24-25, 28

가나안 땅의 삶의 방식(우상숭배, 기복주의, 인신제사, 약육강식, 문란한 성)은 지금도 있습니다. 이러한 세상 나라 방식을 따라 사는 것이 행복할까요, 아니면 조금 어려워도 말씀에 순종하는 거룩한 삶으로 하나님 나라를 이루어가며 사는 것이 행복할까요?

---

(2) 거룩한 삶의 원리: 죄 사함과 죄 씻음

- 죄 사함
  - 로마서 3:24 – 예수 그리스도의 피 값으로(속량) 말미암아 하나님의 은혜로 값없이 (   ) 하심을 얻은 자가 되었습니다.
  - 갈라디아서 2:16 – 사람이 (   )은 율법의 행위가 아니라 오직 예수 그리스도를 믿음으로 얻습니다.

- 죄 씻음

우리는 이미 (   ) 자처럼 죄 사함을 받았어요(요 13:10). 그러나 발에 먼지가 묻으면 씻어야 하는 것처럼, 날마다 회개하는 (   )을 통해 예수 그리스도에게까지 자라나야 합니다(엡 4:15).

요한일서 1장 8-10절을 보면, 죄 사함의 은혜로 구원받은 하나님 자녀가 죄가 없다고 하는 것은, 스스로 (   ) 진리가 우리 속에 없는 것이요(8절), 하나님을 (   )로 만들고 말씀이 우리 속에 없는 증거라는 거예요(10절). 그러나 만일 우리 죄를 자백하여 회개하면 죄를 사하시고(죄 사함), 죄를 씻어 모든 불의에서 깨끗하게 하신다(9절) 말씀합니다.

만약에 회개하고 죄 씻음받는 삶이 없다면 어떻게 될까요?

....
....
....

3. 그럼 난?

구원받은 우리는 죄에 대한 태도가 분명해야 합니다. 요한일서 3장 4절을 함께 읽어 볼까요?

"죄를 짓는 자마다 불법을 행하나니 죄는 불법이라."

나에게 가장 끊기 힘든 죄가 무엇인지 한 가지씩 나눕니다. 무덤까지 가져갈 이야기 외에는 함께 나누고, 구원받은 자의 책임으로서 거룩한 삶을 살도록 함께 기도해요.

암송 에베소서 4:15

포인트 필사

하나님의 자녀는 예수님 보혈의 공로 안에서 이미 의롭다고 하신 칭의와 죄 사함의 은혜에 감사하여, 주님의 은혜를 구하며 회개하여 죄 씻음받는 삶을 살아야 합니다. 이렇게 할 때, 우리는 주님을 닮아가는 성화의 삶을 살게 됩니다. 성화의 삶 없이는 하나님 나라를 이루어 갈 수 없고, 하나님 나라의 통치를 받는 삶은 성화의 삶으로 나타납니다.

"오직 사랑 안에서 참된 것을 하여 범사에 그에게까지 자랄지라 그는 머리니 곧 그리스도라"(엡 4:15).

포인트 필사 / 따라 쓰기

> 양육반

4
구원받은 자의 책임(2): 능력 있는 삶

1. 마음 열기

에베소서 4장 15절을 함께 암송합니다. 한 주 동안 살면서 구원받은 자의 책임으로서 거룩한 삶을 살기 위해 어떤 노력을 하였나요? 오늘은 구원받은 자의 책임-능력 있는 삶에 대해 살펴봅니다.

'능력 있는 삶' 하면 어떤 것이 떠오르나요? 다양한 모습이 있는데, 성경이 말하는 능력 있는 삶은 예수 그리스도로부터 오는 십자가의 능력과 부활의 능력으로 내가 죽고 주님이 주인 되는 삶을 사는 거예요. 십자가의 능력은 (   ) 능력이고, 부활의 능력은 (   ) 능력이에요.

즉, 십자가의 능력으로 '나 왕'(하나님 없이 내가 여전히 주인과 왕, 하나님으로 살고 싶은 욕심)을 죽이고, 부활의 능력으로 '주 왕'(모든 삶에 예수 그리스도가 주인 되심을 인정하는 삶)을 살립니다. 내가 죽고 주님이 주인 되는 능력 있는 삶을 살 때 우리를 부르신 가정, 일터, 교회 등 모든 삶에 하나님 나라의 주권과 통치가 이루어질 것입니다.

2. 말씀 속으로

(1) 능력의 근원

바울은 골로새 교회 성도들에게 능력 있는 삶을 살도록 부탁합니다.
- 골로새서 2:6-7 능력의 근원이신 예수 그리스도를 (   )로 받았으니
- 골로새서 2:8, 18 능력의 근원이신 예수 그리스도보다 다른 것을 더 (   )하지 말라

내 삶의 능력의 근원이신 예수 그리스도께 뿌리를 박고 세움을 받아 그 안에서 행함으로 하나님 나라를 감사와 기쁨으로 누리며 살아가는 모습에는 무엇이 있나요? 반대로, 능력의 근원이신 예수 그리스도보다 의지하는 것에는 무엇이 있나요?

_____

_____

_____

(2) 교회의 머리 되시는 능력

에베소서 1장 20-23절을 함께 읽어 봅시다. 교회의 머리 되신 예수님 안에 나타난 하나님의 능력은 무엇이죠?
- 20절: (   )의 능력, 죽은 자들 가운데서 다시 살리시고
- 20절: (   )의 능력, 하늘에서 자기의 오른편에 앉히사
- 21절: (   ) 하시는 능력
- 22절: 교회의 (   )로 삼으시는 능력
- 23절: (   )의 능력, 교회의 머리 되신 예수님 안에 나타난 하나님의 모든 (   )이, 교회의 머리 되신 예수님의 (   ) 된 교회와

성도에게 (   )하게 나타나게 하셨습니다.

이제 예수님 안에 나타난 부활의 능력, 재위의 능력, 뛰어나게 하시는 능력이 교회와 성도에게도 충만합니다. 이처럼 교회의 머리 되시는 예수님을 통해 누리는 능력 중에서 가장 많이 누리는 능력은 무엇인가요? 특히, 어떤 상황과 현실에서 이러한 능력을 누리나요?

_____
_____
_____

3. 그럼 나는?

마태복음 27장 35-44절, 28장 1-10절을 읽어 봅시다.

예수님의 십자가 죽으심과 부활하심은 우리에게 능력 있는 삶을 살게 합니다. 십자가의 능력으로 '나 왕'을 죽이고 부활의 능력으로 '주 왕'을 살리며, 나는 죽고 주님이 주인 되는 삶을 살게 합니다. 이것이 구원받은 자의 책임-능력 있는 삶이에요. 이렇게 살아갈 때 우리를 부르신 가정, 일터, 교회, 학교 등 온 세상에서 하나님 나라의 통치를 받고 나타내는 제자로 살게 됩니다.

하나님이 부르신 삶의 영역(가정, 일터, 교회, 학교 등) 중에서 능력 있는 삶(나는 죽고 주님이 주인 되는 삶)이 가장 많이 필요한 영역은 무엇인가요? 함께 나누고 서로를 위해 기도합니다.

암송 갈라디아서 2:20; 빌립보서 4:13

포인트 필사

성경이 말하는 능력 있는 삶은, 예수 그리스도로부터 오는 십자가의 능력과 부활의 능력으로 내가 죽고 주님이 주인 되는 삶을 사는 거예요. 십자가의 능력은 죽이는 능력이고, 부활의 능력은 살리는 능력이에요.

"내가 그리스도와 함께 십자가에 못 박혔나니 그런즉 이제는 내가 사는 것이 아니요 오직 내 안에 그리스도께서 사시는 것이라 이제 내가 육체 가운데 사는 것은 나를 사랑하사 나를 위하여 자기 자신을 버리신 하나님의 아들을 믿는 믿음 안에서 사는 것이라"(갈 2:20).

"내게 능력 주시는 자 안에서 내가 모든 것을 할 수 있느니라"(빌 4:13).

포인트 필사 / 따라 쓰기

....
....
....
....
....
....
....

> 양육반

5
구원의 견고함

1. 마음 열기

갈라디아서 2장 20절과 빌립보서 4장 13절을 함께 고백합니다. 한 주 동안 구원받은 자의 책임·능력 있는 삶(나는 죽고 주님이 주인 되는 삶)을 어떻게 살았나요?

오늘은 양육반 마지막 시간으로, 구원의 견고함에 대해 함께 알아보고자 합니다. '견고하다'는 것은 (　　　　　　)라는 의미예요. 즉 하나님께서 허락하신 구원을 누구도 흔들 수 없고, 그 어떤 것도 구원을 취소시킬 수 없다는 거예요. 만약 구원을 흔들 수 있고 구원을 취소시킬 수 있다면 어떨까요?

맞습니다. 불안하고 하나님 나라로 뿌리내리기 어려울 거예요. 감사하게도 하나님께서 한 번 허락하신 구원은 누구도 (　　　) 수 없고 그 어떤 것으로도 (　　　)시킬 수 없어요. 이러한 구원의 견고함 안에서 우리는 하나님 나라로 뿌리내리고 하나님 나라를 이루어 가는 삶을 살아갑니다.

2. 말씀 속으로

(1) 선을 이루시는 하나님으로 인해 구원이 견고하다

로마서 8장 28절에서 "하나님을 사랑하는 자 그 뜻대로 부르심을 입은 자들"은 (   )를 가리키는데요, 하나님은 우리의 삶에 일어나는 모든 일들을 퍼즐 조각처럼 합해서 악이 아니라 (   )을 이루십니다. 바로 구원의 (   )을 누리게 하십니다.

친구가 선물상자를 보냈는데, 그 안에는 다양한 선물들이 들어 있어요. 선물상자 안의 다양한 선물들을 한번에 받고, 기쁠 때나 슬플 때 그 선물을 꺼내어 누리며 살아갑니다.

이처럼 하나님께서 우리에게 구원의 선물을 주실 때에도(엡 2:8) 그 선물 안에 있는 다양한 선물들을 은혜로 한번에 받게 하십니다.

다음은 구원의 선물 안에 있는 다양한 선물들입니다.

- 롬 8:30
  - (   ) : 하나님 자녀로 미리 정하심
  - (   ) : 하나님 자녀로 부르심, 소명(콜링, calling이라고도 함)
  - (   ) : 의롭다 칭하여 주심
  - (   ) : 재림의 때에 영광스러운 부활의 몸으로 변화됨
- 롬 8:29
  - (   ) : 거룩하게 변화됨, 그 아들의 형상을 본받음, 예수님을 닮아감

정리해 보면, 하나님께서 구원의 선물을 주실 때 그 선물 안에 있는 다양한 선물들(예정-부르심-칭의-성화-영화)을 한번에 은혜로 주시고, 삶에 일어나는 기쁜 일, 슬픈 일 등 모든 일을 통해 합력하여 누리게 하십니다.

이처럼, 선을 이루시는 하나님 때문에 어떤 상황에서나 우리의 구원은

견고합니다. 구원의 선물(예정-소명-칭의-성화-영화) 중에서 요즈음 가장 위로와 소망이 되는 선물은 무엇인가요?

(2) 끊을 수 없는 하나님의 사랑으로 인해 구원이 견고하다

끊을 수 없는 하나님의 사랑 때문에 구원은 견고합니다. 로마서 8장 31-34절을 보면, 끊을 수 없는 하나님의 사랑을 의문형으로 강조하고 있습니다. 한 절씩 함께 찾아볼까요?

- 31절: 누가 우리를 (   )하리요?
- 32절: 우리에게 (   ) 아니하겠느냐?
- 33절: 누가 (   )하리요?
- 34절: 누가 (   )하리요?

이러한 모든 말씀은, 누구도 우리의 구원을 흔들 수 없고 그 어떤 것도 우리의 구원을 취소시킬 수 없음을 보여 줍니다. 우리의 구원은 견고합니다. 끊을 수 없는 하나님의 사랑이 네 가지 의문형으로 선포되었는데, 이 중에서 나에게 가장 필요한 믿음의 선포는 무엇인가요?

3. 그럼 난?

로마서 8장 35-39절을 함께 읽어 볼까요? 우리를 그리스도의 사랑과 하나님의 사랑에서 끊으려고 하는 것들에는 무엇이 있나요?

그러나 바울은 이 모든 일에 우리를 사랑하시는 이로 말미암아 우리가 넉넉히 이길 수 있음을(37절), 우리 주 그리스도 예수 안에 있는 하나님의 사랑에서 그 어떤 것도 끊을 수 없음을(39절) 확신합니다. 또 이 확신이 우리의 확신입니다.

그러한 의미로, 로마서 8장 37절을 함께 선포해 볼까요?

"그러나 이 모든 일에 우리를 사랑하시는 이로 말미암아 우리가 넉넉히 이기느니라."

오늘은 구원의 견고함에 대해 살펴보았습니다. 마지막으로 감사한 점을 함께 나누겠습니다.

암송 로마서 8:28

포인트 필사

하나님께서 구원의 선물을 주실 때에 그 선물 안에 있는 다양한 선물들(예정-부르심-칭의-성화-영화)을 한번에 은혜로 주시고, 삶에 일어나는 기쁜 일, 슬픈 일 등 모든 일을 통해 합력하여 누리게 하십니다. 우리가 구원받았다고 할 때 예정-부르심-칭의-성화-영화도 포함해서 은혜로 한번에 받게 됩니다. 평생을 살면서 합력하여 구원의 선물을 누리게 하십니다.

"우리가 알거니와 하나님을 사랑하는 자 곧 그의 뜻대로 부르심을 입은 자들에게는 모든 것이 합력하여 선을 이루느니라"(롬 8:28).

포인트 필사 / 따라 쓰기

사역반
(하나님 나라의 일꾼)

1. 영적 전쟁

2. 교회를 교회 되게

3. 섬김과 나눔

4. 드리는 삶

5. 건강한 교회 건강한 방향

6. 사역과 은사

지금까지 새가족반(하나님 나라로 초대), 새생명반(하나님 나라의 기초), 양육반(하나님 나라로 뿌리내림)을 거쳐 왔어요. 오늘부터는 마지막 과정인 사역반(하나님 나라의 일꾼)입니다. 먼저, 다음의 그림을 보고 느낀 점을 나누어 볼까요?

사역은, 기본적으로 '그리스도의 몸(교회)'을 세우는 거예요.

성도 한 사람 한 사람마다 교회의 머리 되신 예수 그리스도의 몸인 교회의 지체가 되어서 하나님 나라를 함께 이루어 갑니다. 그래서 우리는 하나님 나라의 일꾼이에요. 에베소서 4장 12절에는 어떤 과정을 통해 그리스도의 몸이 세워지는지 나오는데요. 함께 읽어 볼게요.

"이는 성도를 온전하게 하여 봉사의 일을 하게 하며 그리스도의 몸을 세우려 하심이라"(엡 4:12).

그리스도의 몸이 세워지는 과정은, 예수님이 찾는 한 영혼을 전도-양육(성도를 온전하게 하여)-사역(봉사의 일을 하게 하며)-그리스도의 몸 세우기입니다. 먼저 전도하고, 이후 전도한 한 영혼을 알아서 하도록 두는 것이 아니라 체계적인 신앙의 기본이 세워지도록 양육합니다. 이렇게 양육이 이루어지면 자연스럽게 은사가 발견되고, 어떤 형태로든지 그리스도의 몸과 연결된 지체가 되어 사역을 하게 됩니다. 이렇게 찾는 한 영혼이 세워져 봉사 사역을 하게 될 때 그리스도의 몸이 세워집니다. 이런 의미로, 양육의 열매는 사역이며, 사역은 그리스도의 몸이 세워지는 증거입니다.

또 그리스도의 몸이 세워질 때 교회를 통해 하나님 나라가 세상에 증거됩니다. 이 일을 위해 앞서 제시된 그림처럼, 예수님께서 우리를 하나님 나라의 일꾼으로 부르시고 격려하십니다. 우리 모두 "잘했다. 착하고 충성된 종아!"(마 25:21)라고 주님의 칭찬을 받는 일꾼 되길 소망하며 사역반을 시작해 봅시다. 그리고 서로 손을 내밀어 축복합시다.

"잘했다. 착하고 충성된 종아!"

> 사역반

1
영적 전쟁

1. 마음 열기

로마서 8장 28절을 함께 암송해요.

영적 전쟁을 경험한 적이 있나요? 영적 전쟁을 이해하려면, '이미', '그러나… 아직'의 구도를 알아야 합니다.

신앙생활은 이미 승리한 영적 전쟁이에요. 중요한 것은, 하나님 나라는 (   ) 승리했다는 거예요. 그러나 (   ) 하나님 나라가 온전히 완성되지는 않았어요. 예수님의 재림의 때에 완성이 되는데, 그날에 악의 세력에 대한 모든 심판이 이루어집니다.

이러한 과정에서, 사탄은 패배한 자신의 권세를 끝까지 포기하지 않고 재림의 날이 가까울수록 하나님 나라를 이루어가는 교회와 성도를 방해해요. (   ) 하는 자로, (   )의 아비로, (   )하는 자로 교회와 성도를 방해해요. 그래서 우리는 재림을 향해 번성하고 전진하고 있는 하나님 나라에 소망을 품고, 승리하신 예수 그리스도 안에서 영적 전쟁에서 승리하여 하나님 나라의 일꾼으로 살아야 합니다.

2. 말씀 속으로

(1) 사탄(마귀)의 정체

베드로는 베드로전서 5장 8-9절에서, 마귀의 정체가 '우는 사자와 같다'고 했어요. 먹잇감을 찾아다니는 우는 사자의 모습은 어떨까요? 베드로전서 5장 8-9절을 먼저 읽고 나누어 봅니다.

- (   )를 감춘다:
- (   )을 노린다:
- (   )한다:

베드로는 이러한 사탄의 공격 앞에 기도로 근신하여 깨어 있어야 하고(8절), 대적하라(9절)고 권면합니다. 마귀의 정체를 알고 나니 하나님 나라의 일꾼으로서 어떤 경각심이 생겼나요?

___

(2) 마귀의 도구

마귀가 우리를 무너뜨리기 위해 사용하는 도구가 있어요. 어떤 것이 있는지 알아봅시다.

- 에베소서 2:2 – (   )

마귀의 도구인 불순종을 이기는 능력은 오직 (   )입니다. (   )하면 무조건 영적 전쟁에서 승리합니다.

- 에베소서 2:3 – (   )의 욕심

육체의 욕심을 이기기 위해서는 오직 (   )과 (   )로 은혜 충만해야 합니다.

- 에베소서 4:25 – 공동체를 무너뜨리는 (   )

마귀의 도구 세 가지를 살펴보았어요. 새롭게 깨달은 내용이 있다면 무엇인지 나눠 보아요.

---

(3) 하나님의 전신갑주를 입으라

그럼 우리는 마귀의 대적을 어떻게 이겨야 할까요? 하나님의 전신갑주(과거 로마 군인의 완전 무장한 모습)를 입고 싸워야 해요. 에베소서 6장 10-20절을 읽어 봅니다.

- 전신갑주를 입어야 하는 이유(10-13절)

- 전신갑주 방어용 무기(14-16절)
    14절 – 그런즉 (   ):
    14절 – (   )의 허리띠:
    14절 – (   )의 호심경:
    15절 – (   )의 신발:
    16절 – (   )의 방패:

- 전신갑주 공격용 무기(17절)
    17절 – (   )의 투구:
    17절 – (   )의 검:

- 기도 본부(18-20절)
    18절 – 여러 (   )를 위해 기도하라:
    19-20절 – (   )를 위해 기도하라:

지금까지 전신갑주에 대해 살펴보았습니다. 방어용 무기, 공격용 무기, 기도 본부가 있는데요 나에게 가장 부족한 무기는 무엇인가요?

---

3. 그럼 난?

전신갑주를 정리해 보면, 결국 해답은 예배와 말씀과 기도입니다. 예배를 통해 하나님 나라의 군대로 함께 서게 되고, 말씀과 기도를 통해 방어용 무기, 공격용 무기, 기도 본부가 세워집니다. 예배, 말씀, 기도! 구원받은 하나님 자녀의 (   )입니다.

전쟁이 났을 때 갑자기 훈련한다고 해서 승리할 수는 없어요. 평소에 기본훈련을 충실하게 해온 군대가 승리합니다. '훈련을 실전처럼, 실전을 훈련처럼!' 따라서 신앙생활의 기본인 예배 그리고 말씀과 기도를 평소에 소홀히 하지 말아야 합니다. 그런 의미로, 기본 훈련인 예배 생활, 말씀 묵상, 기도 생활에 대한 결단을 나누고 마칩니다.

암송 베드로전서 5:8

포인트 필사

우리는 '이미', 그러나 '아직'의 극도 안에서, 재림을 향해 번성하고 전진하고 있는 하나님 나라에 소망을 품고, 승리하신 예수 그리스도 안에서 영적 전쟁에서 승리하여 하나님 나라의 일꾼으로 살아야 합니다.

"근신하라 깨어라 너희 대적 마귀가 우는 사자같이 두루 다니며 삼킬 자를 찾나니"(벧전 5:8).

포인트 필사 / 따라 쓰기

> 사역반

2
교회를
교회 되게

1. 마음 열기

베드로전서 5장 8절을 함께 암송합니다. 그리고 다음 질문에 답해 보아요.

- 우리 교회의 자랑거리는 무엇인가요?

....

- 우리 교회 창립일은 언제인가요?

....

- 우리 교회에 바라는 점은 무엇인가요?

....

사역은 그리스도의 몸인 교회를 함께 세워 가는 거예요. 그래서 오늘은 교회에 대해 살펴보고자 합니다.

2. 말씀 속으로

(1) 교회란 무엇인가?(고전 1:1-3)

교회가 무엇인지를 알기 위해서는, 먼저 교회의 주인과 구성원에 대해 알아야 합니다.

- 교회의 주인: "고린도에 있는 (   ) 교회"
- 교회의 구성원: "그리스도 예수의 사도로 (   )을 받은"

　　1절에 하나님께서 교회의 구성원으로 사도(보냄을 받은 자)로 바울과 소스데네를 부르신 것처럼 오늘날은 목회자를 부르십니다. 또 2절을 보면 그리스도 예수 안에서 거룩해진 자(성도)들을 부르십니다.

　　따라서 교회는 하나님의 뜻과 하나님 나라를 이루어 가기 위해, 세상으로부터 (   )을 받고 세상을 향해 (   )을 받은 공동체입니다. 우리는 교회로 모여 예배하고, 흩어져 교회로서 예배의 삶을 살아갑니다.

세상에 많은 주님의 몸 된 교회가 있지만, '하나님께서 지금 내가 속한 교회로 나를 부르셨구나!'라는 마음이 언제 가장 많이 드나요?

....

....

(2) 교회의 약점

교회는 세상에서 찾아볼 수 없는 복된 공동체입니다. 동시에 세상에서 찾아볼 수 없을 정도로 약점도 많습니다. 사람들이 교회에 대해 실망하는 교회의 최대의 약점은 무엇일까요? 바로 (   )의 욕심을 갖고 있는 (   )입니다.

- 로마서 7장 17-21절에서 바울의 고민을 볼 수 있습니다. 바울은 선을 행하기 원하지만, 원하지 않는 악을 행하는(19절) 자신을 보면서 여전히 자신 안에 죄가 거하고(20절) 악이 함께 있는 것을(21절) 깨닫습니다.
- 갈라디아서 5장 16-17절을 보면 육체의 욕심(소욕)이 성령께서 우리 안에서 하고자 하시는 선한 일들을 거스르고 대적합니다.

이처럼, 교회의 최대의 약점이 사람인 이유는, 구원받았지만 여전히 우리 안에 거하는 죄악, 육체의 욕심 등 바로 (　　　　　) 때문입니다.

혹시 지금까지 신앙생활하면서 사람 때문에 실망한 적이 있나요? 함께 나누고 서로를 위로하길 원합니다.

(3) 교회의 영광

교회에는 약점이 있습니다. 하지만 우리가 바라보아야 할 것은 약점이 아니라 교회의 영광입니다.

- 에베소서 5:27 "자기 앞에 (　　　　　) 교회로 세우사"
- 사도행전 20:28 "하나님이 (　　　　)로 사신 교회"
- 마태복음 16:18 "내 교회를 세우리니 (　　　)의 권세가 이기지 못하리라"

지금까지 세 가지 교회의 영광에 대해 살펴봤는데, 가장 소망이 되는 것은 어떤 건가요?

3. 그럼 난?

교회의 최대의 약점인 사람이, 이제 하나님 나라 일꾼으로 세워집니다. 우리가 교회의 영광을 바라볼 때 모든 지체들이 하나 되어 교회의 머리이신 예수님에까지 자라갈 수 있기 때문입니다. 그런 의미로, 에베소서 4장 15-16절을 함께 읽겠습니다.

> "오직 사랑 안에서 참된 것을 하여 범사에 그에게까지 자랄지라 그는 머리니 곧 그리스도라 그에게서 온몸이 각 마디를 통하여 도움을 받음으로 연결되고 결합되어 각 지체의 분량대로 역사하여 그 몸을 자라게 하며 사랑 안에서 스스로 세우느니라"(엡 4:15-16).

마지막으로, "주님, 이런 교회여서 감사하고, 더욱더 이런 교회로 세워지게 하소서!"라고 기도하고, 함께 감사를 나누고 서로 축복함으로 마칩니다.

"주님! (   ) 교회가 (   )는 교회여서 감사하고
더욱더 (   )는 교회로 세워지게 하소서."

암송 마태복음 16:18

포인트 필사

우리 교회 최대의 약점은 바로 나 자신입니다! 어떤 상황에서도 이 사실을 기억하면, 다시 주님 앞에 엎드려 긍휼을 구하게 됩니다. 다시 말씀과 기도, 예배로 은혜가 충만하여 '나 왕'을 이기고 하나님 나라 일꾼으로서 사역하게 됩니다. 그러면 교회의 최대의 약점인 사람이 하나님 나라 일꾼으로 세워집니다. 우리가 교회의 영광을 바라볼 때 모든 지체들이 하나 되어, 교회의 머리이신 예수님에까지 자라갈 수 있기 때문입니다.

"또 내가 네게 이르노니 너는 베드로라 내가 이 반석 위에 내 교회를 세우리니 음부의 권세가 이기지 못하리라"(마 16:18).

포인트 필사 / 따라 쓰기

> 사역반

3
섬김과 나눔

1. 마음 열기

마태복음 16장 18절을 함께 암송합니다.

만일 당신의 손에 10억 원이 있다면 이 돈을 어디에 쓰겠습니까? 이 돈을 가장 가치 있게 쓰는 방법은 무엇이며, 그 이유는 무엇입니까?

....

....

하나님 나라 일꾼의 가치 있는 삶, 섬김과 나눔에 대해 살펴봅니다.

2. 말씀 속으로

(1) 청지기 정신

말씀에 나오는 청지기의 특징은 무엇일까요?

- 마태복음 25:14 "그 종들을 불러 자기 소유를 (   )과 같으니"
- 누가복음 12:42 "주인에게 그 집 종들을 맡아 때를 따라 양식을 (   ) 줄 자가 누구냐?"

청지기는 주인의 것을 맡아서 관리하고 나누는 자입니다. 하나님께서 청지기로서 나에게 맡겨 주신 것들에는 어떤 것이 있을까요?

여러 가지가 있는데, 결국 인생 전부를 맡겨 주셨어요. 우리의 삶을 지혜롭게 관리하여 가치 있는 곳에 사용해야 하는데 믿음 관리, 시간 관리, 돈 관리, 건강 관리 중에서 요즈음 관리가 잘되는 부분과 관리가 필요한 부분은 무엇인가요? 함께 나누고 서로 격려합니다.

(2) 하나님의 가치

같은 만 원이라도 어디에 쓰는가에 따라 만 원의 가치가 달라집니다. 만 원으로 게임을 할 수도 있고, 한 끼 식사를 사 먹을 수도 있고, 책을 사서 읽을 수도 있습니다. 이처럼 하나님께서도 가치 있게 여기시는 일이 있어요. 그것이 무엇일까요?

- 마가복음 10:45 "도리어 섬기려 하고" - (   )입니다.
- 요한복음 12:24 "죽으면 많은 열매를 맺느니라" - (   )입니다.

　　예수님께서는 한 알의 밀알처럼 자신의 생명을 나누어 많은 영혼을 구원하셨습니다. 하나님께서 가치 있게 여기시는 일은 섬김과 나눔을 통해 찾는 한 영혼을 구원하는 것이고, 예수님은 이러한 섬김과 나눔의 본을 보여 주셨습니다.

그럼 예수님은 구체적으로 어떻게 섬기고 나누셨나요?
- 빌립보서 2:6-8 "오히려 자기를 비워"(7절), "사람의 모양으로 나타나사 자기를 낮추시고"(8절) – (　　　)과 (　　　)으로 섬기셨다.
- 누가복음 22:17-19 "이것을 갖다가 너희끼리 나누라"(17절), "떼어 그들에게 주시며"(19절), (　　　) 나누셨다.

(3) 두 종류의 인생

두 종류의 인생이 있어요. 하나님께 대하여 부요한 인생과 반대로 부요하지 못한 인생입니다. 누가복음 12장을 보면, 두 종류의 인생이 나옵니다. 말씀을 통해 살펴봅니다.
- 누가복음 12:16-21 하나님께 대하여 (　　　)하지 못한 인생
- 누가복음 12:31-34 두 번째 인생은 하나님께 대하여 (　　　) 인생

하나님이 주신 복을 지혜롭게 관리하여 예수님이 찾는 한 영혼을 위해 섬기고 나눠 보면 어떨까요. 이러한 거룩한 낭비 그리고 거룩한 채워 주심, 또다시 지혜롭게 관리하여 섬기고 나누는 것, 이것이 하나님께 대하여 부요한 인생으로 살아가는 자들의 즐거움입니다.

두 종류의 인생을 보면서 어떤 마음이 드시나요? 또 거룩한 낭비와 거룩한 채워 주심의 경험이 있다면 나누어 볼게요.

---

3. 그럼 난?

축복의 통로는 무엇일까요? 하나님이 찾으시는 한 영혼을 예수님께 인도하고 예수님에게까지 자라나도록 (   )과 (   )의 삶을 사는 사람입니다.

우리 모두는 청지기로서, 하나님께서 나에게 맡겨 주신 모든 것들을 통해 가치 있게 섬기고 나눌 수 있습니다. 나는 하나님이 찾으시는 한 영혼을 구체적으로 어떻게 섬기고 나누며 살 수 있을까요? 이를 위해, 실제로 작은 것에서부터 무엇을 나누고 섬길 것인지 함께 이야기하고 서로를 축복하며 마칩니다.

암송 마가복음 10:45; 요한복음 12:24

포인트 필사

우리는 하나님의 청지기로서 하나님이 찾으시는 한 영혼을 구원하기 위해 섬김과 나눔의 삶을 살아갑니다. 이를 위해서 거룩한 낭비를 할 때 거룩한 채워 주심을 경험하고, 채움받은 것을 또다시 지혜롭게 관리하여 섬김과 나눔을 반복하는 것, 이것이 하나님께 대하여 부요한 인생으로 살아가는 자들의 즐거움입니다.

"인자가 온 것은 섬김을 받으려 함이 아니라 도리어 섬기려 하고 자기 목숨을 많은 사람의 대속물로 주려 함이니라"(막 10:45).

"내가 진실로 진실로 너희에게 이르노니 한 알의 밀이 땅에 떨어져 죽지 아니하면 한 알 그대로 있고 죽으면 많은 열매를 맺느니라"(요 12:24).

포인트 필사 / 따라 쓰기

_____
_____
_____
_____
_____

사역반

4
드리는 삶

1. 마음 열기

마가복음 10장 45절, 요한복음 12장 24절을 함께 암송합니다.

지난주 청지기는 '주인의 것을 맡아서 관리하고 나누는 자'라고 했는데요. 그러면 내가 바른 청지기임을 확실하게 나타내는 것은 무엇일까요?

"네 보물(돈) 있는 그곳에는 네 마음도 있느니라"(마 6:21).

바로, 돈입니다. 하나님께서 우리에게 맡겨 주신 것들이 많이 있는데 그중에서 우리가 돈을 어떻게 관리하고 어디에 사용하는지를 보면 바른 청지기인지 아닌지 알 수 있어요. 그래서 오늘은 드리는 삶인 헌금 사역에 대해 살펴보겠습니다.

2. 말씀 속으로

(1) 헌금은 삶의 (   )다

마가복음 12장 41-44절을 읽어 봅시다.

- 이처럼 부자와 과부 모두 헌금을 드렸는데요. 예수님의 평가는 어떻게 달랐나요?

  "여러 부자는 (   ) 넣는데(41절), 부자들은 돈이 많으니까 그저 그 풍족한 중에서(44절) 일부를 넣었다. 이 가난한 과부는 헌금함에 넣은 모든 사람보다 많이 넣었도다(43절). 가난한 중에서 자기의 모든 소유 곧 생활비 (   )를 넣었느니라(44절)."

- 부자와 적선하는 것의 공통점은 무엇인가요?
  (   )하지 않고 전부가 아니라 (   )를 드린 것입니다.

그렇다면 헌금을 삶의 전부로 드리기 위해서는 어떤 계획과 준비가 필요할까요? 함께 나누고 서로를 축복합니다.

---

(2) 헌금은 삶의 (   )이다

이사야 1장 11-17절을 보면, 당시에 이스라엘 백성들이 드린 제물(헌금)과 예배에 대한 하나님의 마음이 나옵니다.

- 11절 - (   )하지 아니하노라:
- 12절 - 내 (   )만 밟을 뿐이니라:
- 13절 - 내가 (   ) 못하겠노라:
- 14절 - 내게 (   ) 짐이라 내기 지기에 지쳤다(곤비):

하나님께서 왜 이런 반응을 보이셨을까요? 13절을 보면, 성회와 아울러 (   )을 행했기 때문입니다. 삶의 고백으로 헌금과 예배가 드려져야 하는데, 헌금만 드리고 삶에서는 악을 행했습니다. 삶의 고백으로 드려지는 헌금과 예배가 아니라, (   )으로 마음 없이 드려지는 (   )이 되었습니다.

감사한 것은, 하나님께서는 항상 (   ) 하신다는 것입니다. 악을 행하는 삶을 살았을지라도, (   )의 고백을 담은 헌금과 예배를 드릴 때 회복시켜 주십니다. 요즈음, 어떤 삶의 고백으로 헌금과 예배를 드리나요? 함께 나누며 서로에게 위로와 도전이 되길 소망합니다.

---

(3) 십일조는 복된 하나님 나라 방식이다

십일조가 무엇이라고 생각하나요? 말라기 3장 7-12절을 읽어 봅시다.

- 십일조의 중심
  - '(   )은 나의 삶의 주인과 왕이다'라는 중심으로 드립니다.
  - '왕이신 하나님은 (   )의 근원이시다'라는 중심으로 드립니다.
  - '(   ) 나라를 이루어가도록 복 주신다'는 중심으로 드립니다.
  - '복된 하나님 나라 방식으로 (   )'라는 중심으로 드립니다. 십일조는 복된 하나님 나라 삶의 방식 그 자체입니다.

- 십일조의 형식

  앞서 살펴본 것처럼, 십일조의 중심을 10분의 1의 형식으로 표현합니다.

십일조에 대해 살펴보면서, 가장 도전이 되는 내용은 무엇인가요? 함께 나눕니다.

3. 그럼 난?

하나님 나라 일꾼으로서, 헌금은 중요한 (   )입니다. 하나님께 드려진 헌금은 신구약 성경을 통해서 볼 때, 구제(어려운 이웃을 섬김), 선교와 전도(믿음과 재정이 동시에 필요), 성전 수리비(교회에 필요한 공과금 및 유지 비용), 제사장 사례금(목회자 사례금)으로 사용되었습니다. 우리는 헌금을 삶의 전부로, 삶의 고백으로, 특히 십일조는 복된 하나님 나라 방식으로 드려야 합니다. 처음부터 온전할 수는 없지만, 이번 기회를 통해 드리는 삶이 새롭게 시작되길 원합니다.

지금까지 나의 헌금 생활은 어떠했나요? 그리고 앞으로 헌금 생활을 어떻게 할 것인지 함께 나누고 서로를 축복하며 마칩니다.

암송 마태복음 6:24

포인트 필사

하나님을 예배하고 돈을 지혜롭게 사용하고 이웃을 사랑하십시오. 물질은 섬김의 대상이 아니라, 우리의 삶의 도구입니다.

"한 사람이 두 주인을 섬기지 못할 것이니 혹 이를 미워하고 저를 사랑하거나 혹 이를 중히 여기고 저를 경히 여김이라 너희가 하나님과 재물을 겸하여 섬기지 못하느니라"(마 6:24).

포인트 필사 / 따라 쓰기

> 사역반

5

건강한 교회
건강한 방향

1. 마음 열기

마태복음 6장 24절을 함께 암송합니다.

건강한 몸과 약한 몸의 차이는 무엇일까요? 먼저, 몸집이 크냐 작으냐로 생각할 수 있어요. 그리고 자세히 보면, 몸의 각 지체(부분)가 서로 연결되어 머리의 뜻을 따라 각자의 기능을 행하는 몸이 건강한 몸이에요.

건강한 교회도 마찬가지예요. 예수님의 몸 된 교회의 각 지체(　　　)들이 서로 연결되어 머리 되신 (　　　)의 뜻을 따라 각자의 기능을 행하는 교회가 건강한 교회입니다. 그리고 건강한 교회는 성경이 제시하는 건강한 방향을 따라 끊임없이 나아가기 때문에, 성장하고 성숙하여 하나님 나라를 이 땅에 드러내는 복을 흘려보냅니다.

오늘은 건강한 교회 건강한 방향에 대해 살펴볼게요.

2. 말씀 속으로

(1) 하나님이 기뻐하시는 건강한 교회는 어떤 모습일까요?
- 독재자에 이끌려 가는 교회
- 민주주의를 통하여 정당한 의견 결정에 따라 움직이는 교회
- 지체의식(한 몸)을 갖고 예수님에게까지 자라가며 사역하는 교회

하나님이 기뻐하시는 건강한 교회는, 지체의식을 가지고 예수님에게까지 자라가며 사역하는 교회입니다. 하나님 나라 일꾼으로서, 섬기는 교회를 볼 때, '우리 교회가 세 번째 교회의 모습, 건강한 교회로 세워지고 있구나!'라고 느낄 때가 언제인가요?

(2) 하나님이 기뻐하시는 건강한 교회의 건강한 방향은 어떤 모습일까요?
- 목표: 예수님에게까지 (   )

에베소서 4장 15절을 함께 읽어 봅니다.

"오직 사랑 안에서 참된 것을 하여 범사에 그에게까지 자랄지라 그는 머리니 곧 그리스도라"(엡 4:15).

첫 번째 건강한 방향은 신앙생활의 목표가 예수님에게까지 자라가라는 것입니다. 그리스도인들은 예수님을 사랑한다고 해요. 그러나 예수님에게까지 자라가라는 말을 들으면 부담스러워합니다. 왜 그럴까요?

예수님에게까지 자라가는 것은 부담스러운 일이 아니라, 구원받은 자의 (   )입니다. 예수님에게까지 자라가라는 목표를 건강한 방향으로 바라보지 않는 교회는, 형통할 때 그리고 반대로 위기의 때에 어떻게 될까요? 함께 나눠 봅시다.

- ● 제자의 삶: 내가 제자라고요?

"바나바는 착한 사람이요 성령과 믿음이 충만한 사람이라 이에 큰 무리가 주께 더하여지더라 바나바가 사울을 찾으러 다소에 가서 만나매 안디옥에 데리고 와서 둘이 교회에 일 년간 모여 있어 큰 무리를 가르쳤고 제자들이 안디옥에서 비로소 그리스도인이라 일컬음을 받게 되었더라"(행 11:24-26).

두 번째 건강한 방향은 (   )의 삶입니다. 건강한 교회는 제자의 삶이라는 건강한 방향이 있어요. 목회자, 장로까지만 제자가 아니라 모든 성도가 그리스도인이며 제자예요. 교회 안에서나 밖에서나 제자의 삶을 살아갑니다. 나는 요즈음 어떤 제자로 주님을 따르고 있나요? 함께 나누고 서로를 격려합니다.

- ● 직분: 내가 사역자라고요?

"그가 어떤 사도로, 어떤 사람은 선지자로, 어떤 사람은 복음 전하는 자로, 어떤 사람은 목사와 교사로 삼으셨으니 이는 성도를 온전하게 하여 봉사의 일을 하게 하며 그리스도의 몸을 세우려 하심이라…그에게서 온몸이 각 마디를 통하여 도움을 받음으로 연결되고 결합되니 각 지체의 분량대로 역사하여 그 몸을 자라게 하며 사랑 안에서 스스로 세우느니라"(엡 4:11-12, 16).

세 번째 건강한 방향은 목회자만 사역자가 아니라, 모든 성도가 직분을 맡은 (   )라는 방향입니다. 교회 안에는 어떤 계급이 있나요? 에베소서 4장 11-12절을 보면, 목사는 성도를 (   ) 하는 사역 즉, 말씀으로 가르치고 양육하는 사역을 합니다. 그리고 성도는 양육을 받고 은사를 따라 (   ) 사역을 합니다.

목회자만 사역자로서 섬기는 교회와 모든 성도가 사역자라는 건강한 방향으로 섬기는 교회는 어떤 모습이 다를까요? 함께 나눕니다.

3. 그럼 난?

건강한 교회의 건강한 방향에 대해 살펴봤습니다. 하나님 나라 일꾼으로서, 우리는 어떤 교회를 꿈꾸는가가 중요합니다. 교회가 크다고 해서, 반대로 교회가 작다고 해서 건강한 교회일까요? 아닙니다. 성경을 근거로 하여 끊임없이 건강한 방향을 따르며 지체의식을 갖고 예수님에게까지 자라가며 사역하는 교회가 건강한 교회입니다.

이를 위해 나는 어떻게 섬길 것인지 함께 나누고 마칩니다.

암송 에베소서 4:15-16

포인트 필사

건강한 교회는, 예수님의 몸 된 교회의 각 지체들이 서로 연결되어 머리 되신 예수님의 뜻을 따라 각자의 기능을 행합니다. 그리고 건강한 방향을 따라 끊임없이 나아가기 때문에, 성장하고 성숙하여 하나님 나라를 이 땅에 드러내는 복을 흘려보냅니다.

"오직 사랑 안에서 참된 것을 하여 범사에 그에게까지 자랄지라 그는 머리니 곧 그리스도라 그에게서 온 몸이 각 마디를 통하여 도움을 받음으로 연결되고 결합되어 각 지체의 분량대로 역사하여 그 몸을 자라게 하며 사랑 안에서 스스로 세우느니라"(엡 4:15-16).

포인트 필사 / 따라 쓰기

사역반

6
사역과 은사

1. 마음 열기

에베소서 4장 15-16절을 함께 암송합니다.

'우리의 몸에 있는 각 지체(손발, 다리, 심장, 눈 등 몸의 모든 부분)가 정말 내 몸의 각 부분으로 연결되어 있구나!'라는 것을 무엇을 통해 알 수 있을까요?

이미 우리도 예수 그리스도 안에서 지체로서 (　　)되어 있기 때문에 함께 아파하고 함께 기뻐합니다. 각자의 자리가 있고, 각자의 (　　)이 있습니다. 이러한 의미로, 오늘은 사역과 은사에 대해 살펴봅니다.

2. 말씀 속으로

(1) 사역과 은사

사역은 (　　)입니다(막 10:45).

사역의 세 가지 방향을 알아봅시다. 위로는 하나님을 섬김, 바로 (　　)입니다. 옆으로는 (　　)을 섬깁니다. 밖으로는 (　　)을 향해 섬깁니다. 은사는 하나님께서 사역을 위해 주신 (　　)입니다.

(2) 은사의 특징

모든 그리스도인은 (   )를 갖고 있습니다.

"하나님께서는 여러분 모두에게 성령의 선물을 허락해 주셨습니다. 또한 각자에게 특별한 다른 선물을 주심으로, 하나님의 은혜를 알게 하셨습니다. 그러므로 하나님의 선물을 가볍게 여기지 말고, 착한 종처럼 남을 돕는 일에 사용하십시오"(벧전 4:10, 쉬운성경).

모든 은사는 그리스도의 몸 된 공동체를 (   ) 위해 사용되어야 합니다(고전 14:39-40). (   ) 없이 사용된 은사는 하나님께서 의도하신 목적을 벗어날 수 있습니다(고전 13장). 또 은사는 우리가 서로 (   )인 것을 보여 주는 증거입니다(롬 12:4-8). 모든 은사는 한 성령이 그의 (   )대로 각 사람에게 나눠 주십니다(고전 12:4-11).

지금까지 다섯 가지 은사의 특징을 살펴봤는데요, 가장 도전이 되는 내용은 무엇인가요?

_____

_____

(3) 은사의 종류

방언의 은사	성령께서 우리의 영을 통해서 기도하는 것으로서 하나님과의 깊은 교제를 위해 주시는 선물
방언 통역의 은사	알아듣지 못하는 방언을 이해할 수 있는 일상 언어로 알려 주는 능력
예언의 은사	하나님의 말씀을 받아 개인이나 교회에 전달하는 능력
가르치는 은사	기록된 말씀을 체계적으로 해석하며 전달하는 능력

지식의 은사	성경을 관찰하여 교회에 전달하고 교회에 유익한 아이디어를 제공하는 능력
지혜의 은사	말씀을 삶 가운데 적용하여 어려움을 해결해 가는 능력
섬김의 은사	공동체 안에서 부족하고 필요한 부분을 찾아서 채우는 능력
긍휼의 은사	어려움이나 고통을 당하는 사람들을 보고 안타까움과 사랑을 나타내는 능력
권면(권위)의 은사	사람들에게 위로와 조언을 해주는 능력
돕는 은사	사람들의 필요를 지원하고 채워줌으로 교회의 성장을 가져오는 능력
구제의 은사	주님의 일을 위해 자신의 물질을 자원하는 마음으로 드리는 능력
목사의 은사	성도들을 양육하고 보살피며 지도하는 능력
복음 전도의 은사	전도를 잘 할 수 있는 능력
다스림의 은사	교회를 향하신 하나님의 비전을 사람들에게 제시하여 동기를 부여하여 성취해 가는 능력
행정(관리)의 은사	단기 목표를 이해하고 실행 계획을 세워 이끌어 가는 능력

3. 그럼 난?

지금까지 섬김과 나눔을 했는데요. 새가족반(하나님 나라로 초대), 새생명반(하나님 나라의 기초), 양육반(하나님 나라로 뿌리내림), 사역반(하나님 나라의 일꾼)으로 나누어 살펴보았어요.

각자 차이가 있지만, 6개월에서 10개월 정도 함께해 오면서 우리는 이미 하나님 나라의 일꾼으로 세워졌습니다. 이것이 끝이 아니라, 신앙생활의 새로운 출발임을 기억해야 하는데요. 이를 위해 먼저 하나님께 영광을 돌리는 마음으로 그리고 서로를 축복하는 마음으로 박수를 칠까요?

또 섬김과 나눔의 끝이 신앙생활의 새로운 출발임을 잊지 않기 위해서 다음 주일에 감사 소감문을 작성해서 발표하고 격려하겠습니다. 감사소감문에는, 하나님께 감사-담임 목회자와 소그룹 리더에게 감사-공동체에 감사-앞으로 신앙생활에 대한 각오와 결단을 적어서 발표하면 됩니다.

감사 소감문을 통해 발표하겠지만, 오늘 섬김과 나눔 마지막 시간을 마치면서 감사의 마음을 나누고 서로를 축복하고 기도로 마치겠습니다.

암송 에베소서 4:15 (《섬김과 나눔》의 주제 말씀)

포인트 필사

우리는 예수 그리스도 안에서 지체로서 연결되어 있기 때문에 함께 아파하고 함께 기뻐합니다. 각자의 자리가 있고 각자의 기능이 있습니다. 이 모든 것을 사역과 은사를 통해 누리며 하나님 나라 일꾼으로서 동역합니다.

"오직 사랑 안에서 참된 것을 하여 범사에 그에게까지 자랄지라 그는 머리니 곧 그리스도라"(엡 4:15).

포인트 필사 / 따라 쓰기

"오직 사랑 안에서 참된 것을 하여 범사에 그에게까지 자랄지라 그는 머리니 곧 그리스도라"(엡 4:15).

제2부

스토리북

섬김과 나눔
해설

섬김과 나눔이 뭐예요?

《섬김과 나눔》을 시작하는 분들을 환영합니다. 오늘은 첫 번째, 오리엔테이션 시간입니다. 먼저, 섬김과 나눔이 무엇인지 그 특징을 살펴보려 합니다. 섬김과 나눔의 주제 말씀을 읽어 봅시다.

> "오직 사랑 안에서 참된 것을 하여 범사에 그에게까지 자랄지라 그는 머리니 곧 그리스도라"(엡 4:15).

1. 섬김과 나눔은 (양육)입니다.

(1) 아기가 태어났는데 돌보지 않고 그냥 내버려 둔다면 어떻게 될까요?

맞습니다. 지금 이야기한 것처럼, 아기가 태어났는데 방치한다면 병들거나 죽을 수도 있습니다. 죽지 않고 자라난다 해도, 성품이나 인격적으로 건강하지 못할 것입니다.

(2) 아기가 건강하게 자라나기 위해서는 어떻게 해야 할까요?

아기가 잘 자라나기 위해서는 (양육)을 해야 합니다.

양육은 '돌보고 보살펴서 자라나게 한다'는 의미인데요. 이처럼 섬김과 나눔은 한 영혼이 잘 자라나도록 도와주는 양육입니다. 에베소서 4장 15절을 보면, "오직 사랑 안에서 참된 것을 하여 범사에 그에게까지 자랄지라 그는 머리니 곧 그리스도라"라고 하였습니다. 건강한 교회는, 한 영혼이 예수 그리스도에게까지 자라나도록 양육이 이루어지는 교회입니다.

(3) 신앙생활을 하고 믿음이 자라나기까지, 누군가에게 양육-도움을 받거

나, 반대로 누군가에게 양육-도움을 준 경험이 있나요?

신앙생활은 혼자서 할 수 없습니다. 오직 주님의 사랑 안에서 예수 그리스도의 분량까지 자라나기 위해 양육을 받고 양육을 해야 합니다. 방치된 신앙생활은 방치된 아기처럼 위험합니다. **양육이 없는 신앙생활은 (미신)에 빠져 잘못된 것을 믿을 수 있습니다.** 성경은 그렇게 이야기하지 않는데, 엉뚱하게 우기며 믿는 모습입니다. 또 **(맹신)에 빠져 덮어놓고 무조건 믿을 수 있습니다.** 무조건 믿으면 된다는 막무가내식입니다.

성경은 인생에 있어서 가장 중요한 창조, 죄, 구원, 천국과 같은 진리를 막무가내식으로 무조건 믿으라고 하지 않습니다. 오히려 우리를 논리적으로 설득하고 이해하는 과정을 통해 인격적으로 믿게 합니다. 그리고 **양육이 없는 신앙생활은 (광신)에 빠져 내 마음대로 믿을 수 있습니다.** 미친 믿음! 광신은 통제 불능입니다. 예수님을 믿지만, 내가 기준이 되어 내 마음대로 믿습니다.

세상이 교회를 비난할 때, 그 속에는 미신, 맹신, 광신적인 모습이 있습니다. 나는 아니라고 하지만, 우리도 미신, 맹신, 광신에 빠져 있지는 않나요? **그래서 우리에게 양육이 필요합니다.** 이처럼 섬김과 나눔은 한 영혼이 예수님에게까지 믿음이 자라나도록 도와주는 양육입니다.

2. 섬김과 나눔의 특징

(1) 공부가 아닙니다. '공부' 하면 생각나는 특징이 무엇이죠?

공부에는 여러 가지 특징이 있습니다. 보통 공부는 가르치는 자와 배우는 자가 분리되어 있습니다. 가르치는 자는 일방적으로 가르치고 배우

섬김과 나눔이 뭐예요?

는 자는 받아 적습니다. 그러나 섬김과 나눔은 공부가 아닙니다. 섬김과 나눔을 하다 보면 몰랐던 내용과 성경을 알게 되므로 공부한다는 생각이 들기도 하지만, 공부는 아닙니다.

섬김과 나눔은 먼저 양육을 받고 섬김과 나눔을 끝낸 (리더)와 함께하는 (지체)가 (말씀) 앞에서 함께 섬기며 삶을 나누며 함께 도전받고 함께 자라나는 것입니다.

일방적으로 리더가 가르치고 지체는 배우는 것이 아니라, 리더와 지체 모두 하나님 말씀 앞에서 함께 섬기고 함께 삶을 나누며 함께 자라납니다. 때로는 지체의 삶을 통해 리더가 도전을 받습니다. 반대로 리더의 삶을 통해 지체가 감동을 받습니다. 모두 말씀 앞에서 이루어집니다.

이때 리더의 역할과 지체의 역할, 리더와 지체 모두의 역할은 무엇일까요?
리더의 역할은 (가이드 역할)입니다. 여행할 때 가이드가 좋은 장소를 소개하는 것처럼, 리더는 예수 그리스도를 소개하여 지체가 예수 그리스도의 제자가 되게 합니다.
지체의 역할은 (잘 따르는 것)입니다. 여행할 때 가이드를 따르지 않으면 길을 잃을 수 있습니다. 지체로서 가이드를 잘 따라야 합니다.
리더와 지체 모두의 역할은 오픈 마인드! 말씀 앞에서 (마음)을 여는 것입니다. 무덤까지 가져갈 이야기 외에는 말씀 앞에서 마음을 열고 삶을 나눌 때 공감과 치료와 회복을 경험합니다.
이처럼 말씀 앞에서 함께 섬기고 삶을 나누며 함께 도전받고 자라나기 위해서는 리더와 지체 모두가 마음을 열어야 합니다.

(2) 성도의 교제

섬김과 나눔의 두 번째 특징은 성도의 교제입니다. 교제는 '서로 사귐'이라는 의미이며, 예수님의 사랑 안에서 성도의 교제를 통해 주님을 닮아가게 됩니다.

믿지 않는 분 중에서 나와 마음을 열고 교제할 수 있는 절친(친구/선후배)은 몇 명 정도인가요? 이들과 교제할 때 좋은 점과 좋지 않은 점을 이야기해 봅시다.

교회 안에서 마음을 열고 교제할 수 있는 성도가 있나요? 없다면, 그 이유는 무엇입니까?

이렇게 우리는 믿는 성도뿐만 아니라, 믿지 않는 분들과도 교제하며 살아갑니다. 그럼, 믿는 성도와의 교제와 믿지 않는 분들과의 교제의 차이점은 무엇일까요?

여러 가지 차이가 있겠지만 (말씀)이 있느냐, 없느냐의 차이입니다. 성도의 교제는 (말씀) 앞에서 서로의 생각, 삶, 아픔, 슬픔, 기쁨, 근심, 즐거운 일, 소망 등을 함께 섬기고 함께 나눔으로 모두가 (예수님께)로 나아가는 것입니다.

섬김과 나눔을 하다 보면 자연스럽게 친해집니다. 섬김과 나눔을 통해 예수님의 사랑 안에서 성도의 교제가 이루어지기 때문입니다. 믿지 않는 분들과의 교제도 좋은 점이 있습니다. 속 시원하게 서로 이야기를 나누고

섬김과 나눔이 뭐예요?

듣다 보면 시간 가는 줄 모를 정도로 좋습니다. 그러나 삶의 대안이나 답을 얻지는 못합니다.

그런 면에서 볼 때, 성도의 교제는 말씀 앞에서 함께 섬기고 함께 나눔으로 대안과 답을 얻습니다. 어떤 이야기도 공감하며, 서로를 위해 기도하며 회복과 치료를 경험합니다. 때로는 섬김과 나눔 시간에 울기도 하고 웃기도 합니다. 술잔을 기울이지 않아도 답답했던 일들, 기뻤던 일들을 나누고 서로를 위해 기도합니다. 노래방에 가지 않아도 스트레스가 풀리고 마음에 위로를 얻습니다. 왜냐하면 섬김과 나눔을 통해 성도의 복된 교제가 이루어지기 때문입니다.

(3) 교회가 세워지는 방법

섬김과 나눔은 교회가 세워지는 방법입니다. 그럼 교회가 어떻게 세워지는 것일까요? 그 방법을 디모데후서 2장 1-2절을 통해 알 수 있습니다.

> "내 아들아 그러므로 너는 그리스도 예수 안에 있는 은혜 가운데서 강하고 ²또 네가 많은 증인 앞에서 내게 들은 바를 충성된 사람들에게 부탁하라 그들이 또 다른 사람들을 가르칠 수 있으리라."

- 디모데후서는 누가 누구에게 쓴 편지죠?
  - (목회자 선교사인 바울이) 젊은 목회자 (디모데)에게
- 바울은 디모데에게 편지를 통해 무엇을 말하죠?
  - 교회가 (세워지는) 방법에 대해
- 말씀을 통해 교회가 세워지는 방법을 살펴봅시다.
   디모데후서는 바울이 젊은 목회자인 디모데에게 쓴 편지로, 편지

를 통해 교회가 세워지는 방법에 대해 말합니다. 구체적으로 살펴보면, 2절에 세 가지 과정으로 나옵니다.

- 디모데가 (바울)에게 양육받음

  또 네가(디모데 네가) 많은 증인(성도들) 앞에서 내게(바울 나에게) 들은 바를(말씀을 듣고 양육받았다)

- 디모데가 (충성된 성도)들을 양육함

  충성된 사람들에게(성도들에게) 부탁하라(디모데야, 네가 나에게 양육 받은 것으로 끝이 아니라 나에게 양육받은 대로 충성된 성도들을 양육하라)

- 디모데에게 양육받은 성도들이 (또 다른 성도)들을 양육함

  그들이(디모데에게 양육받은 충성된 성도들이) 또 다른 사람들을(다른 성도들을) 가르칠 수 있으리라(양육할 수 있다)

이것이 교회가 세워지는 방법입니다. 바로 '양육'입니다. 일반적으로 사람들은 교회가 세워지려면 건물, 재정, 성도가 필요하다고 생각합니다. 그러나 가장 본질적으로 필요한 것은 (양육)입니다.

바울이 디모데를 양육하고, 디모데가 충성된 성도들을 양육하고, 디모데에게 양육받은 성도들이 또 다른 성도들을 양육하는 과정을 통해 교회가 건강하게 세워집니다. 섬김과 나눔을 통해 한 영혼이 잘 세워지는 것은 교회 전체가 세워지는 것입니다. 즉, 한 영혼이 양육을 통해 건강하게 세워질 때 교회 전체가 건강하게 세워집니다.

이러한 모습으로 교회가 세워지기 위해서, 누구 안에서 강해져야 할까요? 1절을 보면, "너는 그리스도 예수 안에 있는 (은혜) 가운데서 강하고"라고 말씀합니다.

섬김과 나눔이 뭐예요?

그렇습니다. 이렇게 양육을 통해 한 영혼이 세워지고, 그 과정을 통해 교회가 세워지려면 주님의 은혜 안에서 강해져야 합니다. 섬김과 나눔을 시작한 성도가 건강하게 세워지는 것은 가장 가치 있는 일이기 때문에, 여러 가지 방해가 있을 수 있습니다. 그동안 목자/리더/목사님과 섬김과 나눔을 통해서 세워진 성도가 한 사람이라도 있으면, 그것이 교회 전체의 성장이 됩니다. 그렇기 때문에 우리는 오늘 시작한 섬김과 나눔이 교회가 세워지는 방법임을 믿어야 합니다. 그리고 주님의 은혜 안에서 강해져 끝까지 마치도록 서로를 위해 기도해야 합니다.

3. 오늘 나눔 내용을 정리해 봅시다.

(1) 섬김과 나눔이 뭐예요?

(2) 섬김과 나눔의 특징 세 가지는 무엇인가요?

4. 마지막으로, 섬김과 나눔에 임하는 각오와 기도 제목을 나누고 기도합니다.

새가족반
(하나님 나라로 초대)

1. 30문 30답

2. 내가 살아가는 이유

3. "왜 태어났니? 얼굴도 못생긴 게"

4. 하나님, 날 붙잡아 주세요 -죄와 심판-

5. 당신을 위한 최고의 선물

6. 영접이 뭐예요?

누군가의 초대를 받는 건 정말 기쁜 일입니다. 우리는 이제 하나님 나라로 초대되는 새가족반을 시작합니다.

다음의 그림을 보고 느낀 점이나 떠오르는 생각을 자유롭게 나누어 봅시다.

'초대'라는 이미지를 위해 그림을 살펴보았습니다. 여러분은 가장 기억에 남는 초대가 무엇인가요?

하나님 나라로 초대되었는데 어떤 마음이 드나요?

_____

_____

맞습니다. 한편으로는 기대가 되기도 하고 또 한편으로는 두려운 마음도 있죠. 그러나 하나님 나라로 초대된 우리에게 하나님께서는 "두려워하지 말라!"라고 하십니다.

이사야 41장 10절을 함께 읽어 봅시다.

"두려워하지 말라 내가 너와 함께함이라 놀라지 말라 나는 네 하나님이 됨이라 내가 너를 굳세게 하리라 참으로 너를 도와주리라 참으로 나의 의로운 오른손으로 너를 붙들리라"(사 41:10).

우리를 하나님 나라로 초대하신 하나님께서 초대받은 우리와 함께 하며 굳세게 하고 도와주시겠다 하십니다. 두려운 마음도 있지만, 기대하는 마음으로 새가족반을 시작해 볼까요?

새가족반

1
30문 30답

> 하나님 나라로 초대받아 함께하는 리더와 지체로서, 서로를 알아가는 시간입니다. 가벼운 마음으로, 함께 섬기고 함께 나누어 볼까요?

1. 이름?
2. 생년월일?
3. 학교?
4. 혈액형?
5. 언제 처음으로 교회에 갔나요?
6. 내가 사는 곳?
7. 가족 사항?
8. 나의 성격?
9. 누구를 통해 우리 교회에 왔나요?
10. 장래 희망(꿈)?

11. 내가 존경하는 인물?
12. 좋아하는 색?
13. 취미와 특기?
14. 좋아하는 운동?
15. 좋아하는 연예인?
16. 좋아하는 음식?
17. 싫어하는 음식?
18. 즐겨 가는 곳?
19. 무인도에 가져가고 싶은 세 가지?
20. 나에게 100억 원이 주어진다면 하고 싶은 것?
21. 살아오면서 가장 행복했던 일?
22. 살아오면서 가장 힘들었던 일?
23. 내가 살면서 가장 열심히 했던 것?
24. 좌우명 또는 좋아하는 성경 구절?
25. 죽기 전에 꼭 가고 싶은 여행지는?
26. 내가 가장 예쁘다거나 멋지다고 느낄 때?
27. 신체 중 가장 자신 있는 곳?
28. 기회가 된다면 배우고 싶은 악기?
29. 지금 이 시간, 오늘, 요즈음 꼭 듣고 싶은 말은? 그 이유는?
30. 받고 싶은 선물?

- 오늘 30문 30답을 통해 감사한 점을 나누고, 기도로 마칩니다..

> 새가족반

2
내가 살아가는 이유

하나님 나라로 초대, 그 출발은 '왜?'입니다. 왜 공부하는가, 왜 먹는가, 왜 일 하는가 … 왜 사는가? 삶의 이유와 목적에 대해 살펴봅니다.

1. 마음 열기

최희준 씨가 부른 〈하숙생〉의 가사입니다. 처음부터 읽어 볼까요? 노래를 안다면 함께 불러도 좋습니다.

♪♬
인생은 나그넷길
어디서 왔다가 어디로 가는가
구름이 흘러가듯 떠돌다 가는 길에
정일랑 두지 말자 미련일랑 두지 말자
인생은 나그넷길 구름이 흘러가듯

정처 없이 흘러서 간다
인생은 벌거숭이
빈손으로 왔다가 빈손으로 가는가
강물이 흘러가듯 여울져 가는 길에
정일랑 두지 말자 미련일랑 두지 말자
인생은 벌거숭이 강물이 흘러가듯
소리 없이 흘러서 간다

가사를 읽으면서 어떤 느낌이 들었나요?

....

....

가사에서 주인공은 "정일랑 두지 말자 미련일랑 두지 말자"라고 했는데, 그 이유는 무엇일까요?

....

....

가사의 주인공과 자신을 볼 때 비슷한 점과 다른 점이 있다면 써 봅시다. 만약에 없으면 없다고 해도 좋습니다.

....

....

2. 말씀 속으로

나의 삶에 가장 힘들었을 때와 가장 행복했을 때는 언제인가요?

누구든지, 힘들었을 때도 있고 행복했을 때도 있습니다. 그런데 어리석은 사람은 '내 인생은 계속 (행복)할 거야' 또는 '계속 (불행)할 거야'라고 생각합니다. 왜 이런 사람은 어리석을까요? 왜냐하면, 우리의 삶은 (행복)과 (불행)이 반복되기 때문입니다.

지금 행복하다고 해서 계속 행복한 것도 아니고, 지금 불행하다고 해서 계속 불행한 것도 아닙니다. 누구든지 행복과 불행이 반복됩니다. 그런데 재미있는 사실이 있습니다.

(1)번을 함께 읽어 볼까요?

(1) 삶 속의 행복
사람들은 행복한 것보다 불행한 일을 더 좋아합니다.

사람들은 행복하길 원합니다. 그러나 본성적으로 불행한 일을 더 좋아합니다. 인기 있는 드라마나 영화를 보면 착하고 행복한 내용만 있는 작품은 인기가 없습니다. 오히려 불행이 가득한 작품이 인기가 많습니다. 왜 그럴까요?

그 이유는 (죄) 때문입니다. (죄)를 지으면서, 인간에게 불행이 찾아왔습니다. 창세기 3장 1-7절을 읽어 볼까요?

창세기 1장은 천지창조, 2장은 에덴동산이 나옵니다. 에덴의 의미는 '기쁨', '희락', '환희'입니다. 죄를 범하기 전에 이 세상은 기쁨, 희락, 환희가 가득한 에덴, 하나님 나라였음을 말합니다. 불행은 찾아볼 수 없었습니다. 그런데 창세기 3장을 보면 선악과를 먹고 죄를 범하면서 불행이 찾아왔습니다. 이제 사람은 본성적으로 행복보다 불행을 더 좋아하게 되었습니다.

요즈음 세상과 뉴스를 보면서 '정말 불행한 것 같다'라고 생각하는 것이 있다면 무엇인가요?

....
....

이 모든 불행이 죄로 인하여 시작되었습니다.

(2) 삶 속의 불행
이러한 불행 중 가장 큰 불행은 (방황)입니다.
지옥 외에, 인간이 이 땅에서 경험하는 가장 큰 불행은 방황입니다. 창세기 4장을 보면 인류 최초의 살인 사건이 그려져 있습니다. 아담과 하와가 에덴동산에서 쫓겨난 후, 두 아들 가인과 아벨이 태어납니다. 가인은 농사를 통해 땅의 열매로 하나님께 예배했고, 동생 아벨은 양 치는 자로서 양의 첫 새끼로 하나님께 예배했습니다. 하나님께서 동생 아벨의 제물만 받으시자, 형 가인은 화가 나서 동생 아벨을 죽입니다. 그 후에 가인은 하나님을 떠나 '놋'이라는 땅에 살게 되는데(창 4:16), '놋'의 의미가 '유리하다', '방황하다'입니다. 즉, **죄로 인해 하나님을 떠난 인간은 목적 없이 이리저리 헤매는 (방황자)가 됩니다.**
마음 열기에서 봤던, 〈하숙생〉이란 노래가 애잔하게 느껴지는 이유도, 방황하는 삶을 볼 수 있기 때문이 아닐까요? 어디서 와서 어디로 가고 있는지도 모른 채, 열심히 일하고 열심히 먹고 열심히 꿈꾸고…. 이것이 열심히 방황하고 있는 삶이라고 생각해 본 적은 없나요? 그래서 성경이 말하는 가장 큰 불행은 방황입니다.
방황에는 세 가지 모습이 있습니다.

- **(영원한) 행복이 없는 삶**: 지금 성공해서 행복하고, 건강해서 행복하고, 돈이 있어서 행복합니다. 그러나 이 행복이 영원할 것이라고 장담할 수 없습니다. **영원한 행복이신 하나님을 떠난 인간은 영원한 행복을 잃어버린 (본질적인 두려움) 속에 살아갑니다.**
- **행복과 불행의 (알 수 없는) 반복**: 사람은 누구든지 행복-불행-행복-불행의 반복 속에 살다가 죽습니다. 언제 행복할지, 언제 불행할지 알 수 없는 반복이기 때문에, **인간은 (본질적인 불안) 속에 살아갑니다.**
- **살아가는 (이유)와 (목적)을 잃어버림**: 가인이 하나님을 떠나 놋이라는 땅에 살아갔던 것처럼, 인간은 목적 없이 이리저리 헤매며 방황합니다. 〈하숙생〉이란 노래의 가사처럼 어디서 와서 어디로 가는지 모른 채, 살아가는 이유와 목적을 잃고 살아갑니다. 그래서 인간은 (본질적인 허무함) 속에 살아갑니다.

방황하는 인간은 본질적인 두려움, 불안, 허무함을 극복하려고 나름의 우상 즉, (내가 만든 신)을 섬기기도 합니다. 그러나 결국 사람은 이렇게 방황하다가 흙에서 와서 흙으로 돌아가게 됩니다.

"너는 흙이니 흙으로 돌아갈 것이니라"(창 3:19).

이 시대의 사람들을 보면, 세 가지 방황 중에서 어떠한 모습으로 방황하며 살아가는 것 같나요? 그 이유는?

(3) 방황 끊기

그럼, 방황을 끊는 방법은 무엇일까요? 내가 살아가는 (이유와 목적)을 아는 것입니다. 창세기 1장 27-28절을 읽어 보겠습니다. 창세기 1장 27-28절에는 하나님께서 인간을 창조하신 목적이 나옵니다.

● 창세기 1:27 "하나님의 형상(이미지, image)대로 사람을 창조하시되"
삼성 또는 LG와 같이 유명한 기업의 로고나 이미지를 보면 무엇이 생각 납니까? 이미지가 나타내는 그 (기업). 맞습니다. 기업의 로고/이미지는 그 기업이 얼마나 좋은 기업인지를 흘려보내고 반영합니다.

그럼, 하나님께서는 하나님의 이미지인 인간을 보면 무엇이 생각나도록 창조하셨을까요? (하나님이) 생각나도록 창조하셨습니다. 맞습니다. 하나님의 이미지(형상)인 인간은 하나님이 얼마나 좋은 분인지 흘려보내며 반영하도록 창조되었습니다.

● 창세기 1:28 "하나님이 그들에게 복을 주시며…(대리 통치자)로서 다스리라(통치하라)"
대리운전을 할 때, 차의 주인과 대리운전자 사이에 어떤 일이 일어납니까? 주인은 운전자에게 키를 맡기고, 대리운전자는 마음대로 운전하지 않고 차 주인의 뜻대로 운전합니다.

하나님께서 세상을 창조하고 통치하실 때, 하나님과 인간 사이에 어떤 일이 일어납니까? 하나님께서 인간에게 세상을 통치할 수 있는 (복)을 주시고, 인간은 하나님의 (대리 통치자)로서 인간의 욕망이 아니라 하나님의 (뜻)대로 세상을 통치합니다.

보통 인간을 '만물의 영장'이라고 합니다. 왜냐하면 하나님께서 하나님의 형상(이미지)인 인간에게만 대리 통치자로서 온 세상을 에덴동산처럼(창 2:15) 경작(문화를 이루고 발전시킴)하고 지키도록(하나님의 뜻대로) 복을 주셨기 때문입니다.

3. 그럼 난?

지금까지 내용을 통해 하나님께서 인간을 창조하신 인생의 목적을 정리해 봅시다.

암송 창세기 1:27-28

나의 인생 목적 선언

"(   )은/는 축복의 통로다. (   )은/는 하나님의 형상(이미지)으로서 하나님의 뜻대로 세상을 복되게 대리통치하여 하나님이 얼마나 좋으신 분인지를 세상에 흘려보내고 반영하는 축복의 통로다."

우리는 왜 태어났고, 왜 공부하고, 왜 돈을 벌고, 왜 결혼을 하며, 왜 사는 것일까요?

나의 인생 목적 선언을 통해 이런 질문의 답을 확인했습니다. 성경은, 하나님께서 우리가 이러한 목적을 따라 살도록 복 주시는 분임을 약속하고 있습니다.

함께 서로를 축복하며 노래해요.

♪♫
"하나님께서 당신을 통해 메마른 땅에 샘물 나게 하시기를
가난한 영혼, 목마른 영혼, 당신을 통해 주 사랑 알기 원하네."

♪♫
"좋으신 하나님 좋으신 하나님 참 좋으신 나의 하나님."

● 새가족반 두 번째 시간을 통해 느낀 점이나 깨달은 점을 함께 나누어 봅시다.

포인트 필사

〈나의 인생 목적 선언〉

(   )은/는 축복의 통로다. (   )은/는 하나님의 형상(이미지)으로서 하나님의 뜻대로 세상을 복되게 대리통치하여 하나님이 얼마나 좋으신 분인지를 세상에 흘려보내고 반영하는 축복의 통로다.

포인트 필사 / 따라 쓰기

3
"왜 태어났니? 얼굴도 못생긴 게"

성경 속 하나님 나라로 초대된 사람들의 특징이 있습니다. 바로 자존감 회복입니다. 이런 말이 있어요. "자존감이 높으면 자존심이 낮고, 자존감이 낮으면 자존심이 높다." 하나님 나라로 초대, 오늘은 자존감에 대해 살펴봅니다.

1. 마음 열기

(1) 닉 부이치치 영상을 본 느낌을 말해 봅시다.

    ....

(2) 자존감은 나 자신에 대한 존경심, 자신감, 즉 '자신에 대해 몇 점을 줄 수 있는가?'입니다. 100점 만점 중 나는 나 자신에게 몇 점을 줄 수 있나요? 그리고 그렇게 점수를 준 이유는 무엇인가요?

    ....

    ....

(3) 닉 부이치치는 《허그》라는 책에서 "한계를 껴안다"라고 하는데, 이는 나의 연약함을 받아들이고 수용할 때부터 인생의 회복이 시작됨을 말합니다. 자신의 외모, 가정, 환경, 성격 중에서 받아들이기 힘든 부분은 무엇인가요? 그 이유는 무엇인가요?

....

....

(4) 우리에게는 왜 이렇게 자신이 받아들이고 싶지 않은 모습이 있는 걸까요?
다른 사람과 (비교)하기, 나는 꼭 (필요한) 존재가 아니라 (우연히) 어쩌다가 태어났다고 생각하기 때문입니다. 보통 자존감이 높고 건강할수록 남과 비교하지 않고 자신의 길을 묵묵히 걸어갑니다. '나는 꼭 필요한 존재'라는 자신감을 가지고 모든 상황에서 대처하고 극복하는 삶을 살아갑니다.

성경에 나오는 '야베스'라는 인물을 통해 자존감에 대해 자세히 살펴볼까요?

2. 말씀 속으로

야베스의 기도 (대상 4:9-10)

(1) 야베스의 뜻은? (9절)
내가 (수고롭게 고통을 겪으며) 낳았다.
야베스란 이름의 뜻은 '고통'인데요, 보통은 부모가 자녀의 이름을 복된 의미로 짓습니다. 그런데 야베스의 이름은 '수고, 고통'이라는 뜻으로 이름을 지은 것을 보면 아마도 야베스에게는 사연이 있었다는 것을 알 수 있습니다. 바로 출생의 비밀인데요, 야베스는 무엇을 받지 못한 환경에서 태어났을까요?

(2) 야베스의 출생 비밀?
(축복)받지 못한 환경이었다.

보통은 자녀가 태어나면 "왜 태어났니? 얼굴도 못생긴 게, 왜 태어났니?"라고 하지 않아요. 축복하고 즐거워해요. 그런데 야베스의 엄마는 야베스가 태어나는 과정이 얼마나 힘들었는지 축복하기보다 그 이름을 '고통'이라고 지었습니다. 당시 이스라엘의 문화적 배경을 보면 이름대로 하나님께서 그 인생을 인도하신다는 믿음이 있었는데, 그럼 야베스의 인생은 앞으로 고통만 있는 인생이라는 걸까요? 그래서 성경학자들이 다양한 견해를 내놓았는데 그중에서 야베스는 '원치 않는 상황에서 태어난 사생아'였을 것이라는 견해가 있습니다.

(3) 야베스의 어머니는 야베스를 임신했을 때 야베스에게 어떤 말을 했을까요? 드라마의 대사처럼 각자 이야기해 볼까요?

(4) 그럼, 야베스의 자존감은 어떠했을까요? 100점 만점 중에서 야베스는 자신에게 몇 점을 줄 수 있었을까요?

맞습니다. 야베스의 자존감은 제로나 마이너스였을 거예요. 동네에서 친구들과 놀 때 "고통아, 고통아" 불리며 놀림당하기도 하고, 친구들의 엄마가 "야, 쟤랑 놀지 마. 너도 인생이 고통스러워질 수 있어"라고 하여 왕따처럼 살았을 거예요. 우리가 어린 시절에 이름을 가지고 별명을 짓고 장난스럽게 놀리기도 했던 것을 떠올려 본다면, 야베스의 자존감은 바닥이었을 거예요.

그런데 이런 야베스가 성경에 기록된 이유가 무엇일까요? 바로 기도했기 때문입니다. 10절을 보면, 야베스는 하나님께 기도합니다. 이 기도를 통해 야베스의 삶은 회복됩니다.

2001년도에 브루스 윌킨스가 쓴 《야베스의 기도》라는 책은 당시에 베스트셀러가 될 정도로 야베스의 기도는 많은 사람들에게 소망을 주었습니다. 야베스와 똑같은 모습은 아니겠지만 각자의 고통스러운 인생에서 야베스의 기도를 통해 회복을 경험했다는 증거입니다.

10절을 보면 야베스의 기도가 나옵니다. 하나씩 살펴볼게요.

(5) 야베스의 기도

● "주께서 내게 (복)을 주시려거든"

첫 번째 기도는 하나님께 도움을 구하는 기도입니다. 사람이 제일 좋아하는 한 글자는 '복', 두 글자는 '축복'입니다. 왜 그럴까요? 인간은 전지전능한 존재가 아니라 한계를 지닌 존재이기 때문입니다. 야베스는 사생아로 우연히 태어난 인생이지만 "그 누구도 아닌, 오직 하나님만이 나를 도울 수 있습니다"라며 기도합니다.

신앙생활을 처음 할 때, '이제 진지하게 해 보자'라고 할 때, 누구든지 가장 먼저 하는 기도가 도와 달라는 기도입니다. 수십 년 신앙생활을 하고도 도와 달라는 기도만 한다면 문제입니다. 그러나 처음 신앙생활을 할 때 자신의 한계 속에서 야베스처럼 누구든지 기도합니다.

"원합니다. 나에게 복에 복을 더하여 주세요. 오직 하나님만이 나를 도울 수 있습니다." 야베스처럼 가장 하나님의 도움을 필요로 하는 지금 나의 기도 제목은 무엇인가요?

● "나의 (지역)을 넓히시고"

두 번째 기도는 영향력에 대한 기도입니다. 지역은 '지경/땅'을 의미해요. '하나님, 땅을 넓혀 주세요'라는 의미입니다. 만약에 하나님께서 "지금 너에게 원하는 대로 땅을 줄 테니, 몇 평을 원하느냐? 그리고 그 땅에 무엇을 하겠느냐?"라고 하신다면, 몇 평을 구하고 그 땅에 무엇을 하겠습니까? 각자 이야기해 볼까요?

재미있게 이야기를 나누었는데요. 성경에서 땅은 '영향력'을 의미합니다. 영원한 천국, 이스라엘의 영토인 가나안 땅이라는 의미도 있지만, 하나님께서 우리에게 허락하신 인생이라고 하는 땅/지경 즉, 영향력을 의미합니다.

만약 악한 사람이 땅을 10만 평을 갖고 있으면 그 땅에 무엇을 할까요? 악한 일을 할 거예요. 그리고 그 땅을 통해 악한 영향력이 흘러가게 됩니다. 반대로, 선한 사람이 땅을 10만 평 갖고 있으면 그 땅에 학교나 병원 교회를 세우고 선한 일을 할 거예요. 그리고 그 땅을 통해 선한 영향력이 흘러가게 됩니다. 무엇을 얼마나 소유하고 있는가보다 얼마나 가치 있게 사용하느냐가 더 중요해요. 이처럼 야베스의 두 번째 기도는 **"하나님, 나의 지역을 넓혀 주세요. 하나님이 주신 땅에 하나님께서 기뻐하시는 일을 하고, 그 땅을 통해 선한 영향력이 흘러가길 원해요. 고통을 흘려보내는 (고통의 통로)가 아니라 선한 영향력을 흘려보내는 (축복의 통로)로 살기 원합니다."입니다.**

정말 멋진 기도입니다.

● "주의 손으로 나를 도우사 나로 (환난을 벗어나) 내게 근심이 없게 하옵소서"

세 번째 기도는 이미지에 대한 기도입니다. "고통의 이미지에서 벗어나, 복된 이미지로 살게 하소서." 지금까지 야베스 하면 떠오르는 이미지는

'수고, 고통, 사생아' 이런 것이었어요. 얼마나 힘들었으면 "환난을 벗어나 근심이 없게 하옵소서"라고 기도했겠습니까? 자신의 인생을 고통의 이미지로 만드는 모든 불행을 막아주시고 고통을 받지 않게 해달라는 기도를 드립니다. 세 번째 기도의 "벗어나" 이 세 글자가 중요합니다. 이제는 고통의 이미지에서 벗어나 복된 이미지로 살길 원한다는 기도예요.

그리스도인으로 신앙생활을 잘하면 주변 사람들에게 인기가 좋아지는 것이 정상이에요. 왜냐하면 모든 인생의 이미지가 믿음 안에서 복된 이미지로 바뀌기 때문입니다. 절망의 이미지에서 소망의 이미지로, 자기만 알던 사람이 배려하는 사람으로, 분노로 살았던 사람이 화평의 이미지로 바뀝니다. 한 사람의 삶에 있어서 이미지가 바뀐다는 것은 정말 어려운 거예요. 그런데 야베스는 그러한 이미지에서 벗어나 복된 이미지로 변화되길 기도합니다.

지금까지 나는 어떤 이미지였나요? 그리고 앞으로 어떤 이미지로 변화되길 원하나요?

야베스의 기도가 놀라운 사실은, 그다음이에요.

"하나님이 그가 구하는 것을 (허락하셨더라)"고 합니다.

하나님께서 야베스의 기도뿐만 아니라, 오늘 우리의 기도를 들으십니다. 어떤 인생의 모습이든지 돕길 원하시고 선한 영향력을 흘려보내는 축복의 통로로 살길 원하시며, 우리 모두 고통의 이미지에서 벗어나 복된 이미지로 살길 원하십니다.

야베스의 기도 세 가지 내용을 보면서, 가장 소망이 되는 내용은 무엇인가요? 그리고 그 이유는 무엇인가요?

_____

_____

3. 그럼 난?

지금까지 내용을 정리해 봅시다.

(1) 결국 야베스가 구했던 것은?
난 (축복의 통로)로 살고 싶어요.

(2) 성경은 어려운 환경에서 태어난 야베스를 보고 무엇이라고 하나요?(9절)
"야베스는 그의 형제보다 (귀중한, 존귀한) 자라"라고 말씀합니다. 역대상 1-9장에 족보를 소개하고 있어요. 그중에서 역대상 4장은 유다 지파의 족보인데, 1절에서 8절까지는 '누가 누구를 낳았고' 하며 이름 정도만 소개합니다. 그러다가 갑자기 9절에서 야베스는 그의 형제보다 즉, 족보에서 소개된 형제들보다 존귀하고 귀중한 자라고 합니다. 왜 그럴까요? 인간의 관점으로 보면 야베스는 족보에 소개된 모든 가족들 중에서 가장 불쌍한 자입니다. 그러나 (하나님의 관점)과 (하나님의 시각)으로 보면 야베스는 가장 귀중하고 존귀한 자입니다. 다른 형제들에게 찾아볼 수 없는 '기도가 있었던' 복된 인생입니다. 이것이 바로 믿음입니다.

믿음은 나의 환경과 인생을 나의 관점으로 보는 것이 아니라 하나님의 관점과 시각으로 보는 것입니다. 야베스를 향해 성경이 기록하고 있는 "귀중한 자라 존귀한 자라"는 것이 하나님의 관점입니다. 그래서 오늘 처음에 이야기한 것처럼, 하나님 나라로 초대된 사람들의 공통점이 자존감의 회복입니다. 믿음 안에서 자존감이 회복되고 인생이 새로워집니다.

(3) 나의 환경이 나의 가치를 정해 주는 것이 아니라, 하나님께서 나의 가치를 정해 주십니다.
나의 환경과 삶의 모습 가운데 한 가지를 적고 각자 나눕니다.

마지막으로 괄호 안에 각자의 이름을 넣어 함께 읽습니다.

"야베스는 기도를 통해, 고통의 통로에서 축복의 통로로 변하여 자존감과 인생의 회복을 경험합니다. 믿음 안에서 (   )도 존귀한 자 꼭 필요한 자로 살기 위해서 하나님께서 나를 만드신 목적을 알고 축복의 통로로 살기 위해 기도합니다."

암송 역대상 4:9-10

숙제

"나의 지경을 넓히시고"(대상 4:10)

19세기의 유명한 두 가정을 분석한 결과입니다. 먼저, 맥스 주크라는 무신론자의 자손 560명의 삶을 추적한 결과 310명이 거지, 200명 이상이 범죄자와 술주정뱅이였는데 그중에서 7명은 살인자였습니다. 한편, 맥스 주크와 동시대에 살았던 조나단 에드워즈(목회자, 신학자)는 1,394명의 자손을 두었고 자녀들을 추적한 결과 300명 이상이 목회자와 선교사, 120명이 대학교수, 60명이 유명한 저술가, 30명이 법관, 14명이 대학 학장, 3명이 국회의원, 1명이 부통령이었습니다.

신앙생활을 하는가, 그렇지 않은가에 따라 모든 사람의 삶이 에드워즈와 주크와 같이 되는 것은 아닙니다. 그러나 야베스의 기도에서 본 것처럼 한 사람의 영향력이 얼마나 중요한지를 알 수 있습니다.

믿음 안에서 100점짜리 자존감을 지니고 선한 영향력을 흘려보내는 축복의 통로로 살기 위해 하나님 앞에 세 가지 약속을 해봅시다.

- 하나님과 나와의 관계에서:
- 교회 공동체 안에서:
- 가정과 일터 또는 학교에서:

포인트 필사

"야베스는 그의 형제보다 귀중한 자라 그의 어머니가 이름하여 이르되 야베스라 하였으니 이는 내가 수고로이 낳았다 함이었더라 야베스가 이스라엘 하나님께 아뢰어 이르되 주께서 내게 복을 주시려거든 나의 지역을 넓히시고 주의 손으로 나를 도우사 나로 환난을 벗어나 내게 근심이 없게 하옵소서 하였더니 하나님이 그가 구하는 것을 허락하셨더라"(대상 4:9-10).

그리고 나에게도 허락하셨더라!

포인트 필사 / 따라 쓰기

_____
_____
_____
_____
_____
_____
_____

[새가족반]

4
하나님, 날 붙잡아 주세요
- 죄와 심판 -

하나님 나라로 초대받는 것을 방해하는 걸림돌이 있는데요. 바로 죄와 심판입니다. 죄와 심판에 대한 이해는 '예수 그리스도를 왜 믿어야 하는가?'와도 연결됩니다. 오늘은 죄와 심판에 대해 살펴봅니다.

1. 마음 열기

무더운 여름에 생선을 밖에다가 그냥 내버려두면 어떻게 될까요? 생선이 썩지 않게 하려면 어떻게 해야 할까요?

생선을 무더운 여름에 그냥 밖에 두면, 냄새 나고 썩어요. 썩지 않게 하기 위해서는 소금을 치거나 냉장고에 보관하는 등 관리가 필요해요. 이처럼, 하나님께서 사랑과 은혜로 우리를 붙잡아 주시지 않고 내버려 두면 누구든지 생선처럼 죄로 인해 부패하며 결국 심판에 이르게 됩니다.

2. 말씀 속으로

(1) 죄

사람들은 보통 무엇이 죄라고 생각하나요?

보통은 나쁜 것, 하지 말아야 할 일 등 겉으로 드러난 윤리 도덕적인 차원에서만 죄를 생각해요. 심지어 '들키지 않으면 죄가 아니다'라고 여기거나 또는 법원에서 판결이 나면 '내가 한 행동이 죄구나!'라고 조금쯤 생각을 하는 경향도 있습니다. 만약, 성경이 말하는 죄가 단순히 윤리 도덕적인 행위만을 죄라고 한다면 예수님을 믿을 이유가 없습니다. 무신론자라고 하는 사람들을 보면 '윤리 도덕적으로 남에게 크게 해를 끼치지 않고 살면 되지, 굳이 예수를 믿고 교회에 다녀야 하나?' 하는 생각을 합니다. 정말, 성경이 말하는 죄가 이런 의미일까요?

성경이 말하는 죄는, 창조주 여호와 하나님 없이 내가 삶의 주인과 왕, 하나님이 되어 살아가는 삶 자체 즉 (나 왕)입니다. 윤리 도덕적으로 착하게 살든지 나쁘게 살든지 '나 왕'으로 살아가는 것 자체가 죄입니다. 창세기 3장 5절을 함께 볼까요?

> "너희가 그것(선악과)을 먹는 날에는 너희 눈이 밝아져 (하나님)과 같이 되어 (선악)을 알 줄 하나님이 아심이니라"(창 3:5).

이 말은 사탄이 뱀의 모습으로 하와를 유혹할 때 한 말입니다. **선악과가 도대체 무엇이기에 그거 하나 먹었다고 죄가 세상에 들어왔을까요? 선악과는 무엇을 의미할까요?** 사과나무, 배나무, 심지어 열대과일이었을 것이라고 하기도 해요. 참 재미있죠? 선악과는 선과 악을 알게 하는 나무로서 **창조주 하나님과 피조물 인간의 (구별)을 의미합니다.** 창세기 2장 16-17절을 보면, 하나님께서 아담에게 "동산 각종 나무의 열매는 네가 임의로

먹되 선악을 알게 하는 나무의 열매는 먹지 말라 네가 먹는 날에는 반드시 죽으리라"라고 하셨습니다.

아담과 하와는 에덴동산을 거닐면서 이렇게 말했을 겁니다.

"아담! 하나님은 참 좋으신 분이세요. 이 모든 것들을 창조하시고 자유롭게 먹고 누리라 하셨어요."

"맞아요, 하와. 그러나 이렇게 에덴이 기쁨 희락이 넘치는 하나님 나라로 유지되기 위해서는 선과 악을 알게 하는 나무의 열매는 절대로 먹지 말라고 하신 하나님의 명령을 지켜야 해요. 하나님은 말씀으로 세상을 창조하신 창조주이고 우리는 그분에게 지음을 받고 만들어진 피조물이에요. 이 사실을 항상 기억해야 돼요."

아담과 하와는 선악과를 볼 때마다 하나님과 인간의 구별됨을 기억했을 거예요.

그런데 창세기 3장 1-5절을 보면, 사탄은 뱀의 모습으로 와서 거짓말을 합니다. "하와! 내가 하나님보다 더 강해. 그러니까 나를 믿어"라고 하지 않습니다. 오히려 "네가 하나님이야. 무슨 하나님 말씀을 따라 살아? 선악과를 먹어도 너희는 결코 죽지 않아. 너희가 하나님 없이 삶의 주인과 왕이 되는 거야. 너희 스스로 하나님이 되어 선과 악의 기준으로 자유롭게 살아가는 거야." 이 말을 듣고 하와와 아담은 선악과를 먹었고, 그 결과 죄가 들어옵니다. 그래서 죄는 '나 왕'입니다. 그리고 나무의 뿌리로부터 원기둥이 올라오듯이, **'나 왕'이라고 하는 죄의 뿌리로부터 죄의 세 가지 기둥이 올라옵니다.**

- 첫 번째 기둥 – 죄는 (교만)이다.
  하나님과 (인간의) 구별을 무시하는 모습으로, 인간이 선악과를 먹음으로 구별됨을 무시하죠.
- 두 번째 기둥 – 죄는 (반역)이다.

하나님 없이 내가 삶의 (주인, 왕, 하나님)이 되어 살려는 모습입니다. 피조물 된 인간이 창조주 왕이신 하나님의 자리에 올라가는 반역을 저지릅니다.

- 세 번째 기둥 - 죄는 (기준)이다.

내가 옳고 틀린 것의 (기준)이 되어 내 마음대로 살려는 모습입니다. 결국, 인간은 스스로가 선과 악의 기준이 되어, 아무리 사람들이 틀리다고 해도 그것이 내 마음에 맞으면 그것이 나에게 선이 됩니다. 반대로 사람들이 아무리 옳다고 해도 그것이 내 마음에 맞지 않으면 틀린 것이 됩니다. 절대적인 진리와 기준은 이렇게 사라집니다.

죄는 이러한 결과로 나타나는 ('나 왕'이라고 하는 마음)과 (윤리 도덕적으로 드러난 행동)입니다.

보통 '나 왕'이라고 하는 마음을 '원죄', 그러한 마음으로부터 겉으로 드러난 행동을 '자범죄'라고 합니다. 아담과 하와 이후로 태어난 모든 사람은 어떤 행동을 하기도 전에 창조주 하나님 없이 내가 삶의 주인과 왕, 하나님이 되어 살고 싶은 욕심을 갖고 죄인으로 태어납니다. 누가 가르쳐 주지 않았는데도 하나님을 향한 교만, 반역, 기준의 마음을 갖고 태어납니다. 평생을 통해 착하게 살든지 나쁘게 살든지 이러한 마음으로부터 하나님의 뜻과는 반대로 살아갑니다.

"아니, 하나님은 전지전능하신 분인데, 인간이 선악과를 먹을 것을 알면서도 왜 만드셨어?"라는 질문을 누구든지 할 수 있는데요. 하나님은 인간을 사랑하셔서 로봇 같은 순종이 아닌 전인격적인 순종을 통해 인간과 동행하기를 원하셨어요. 그래서 하나님의 형상(이미지)으로 만들어진 사람에게만 자유의지를 주셨고, 사람이 스스로 마음을 다해 하나님을 사랑함으로 순종하기를 원하셨습니다.

지금도 마찬가지예요. 하나님께서 바라시는 것은 순종이 프로그래밍된 로

봇처럼 "무조건 믿어!" "네, 믿습니다" 하는 순종이 아니에요. 그래서 하나님의 계획과 사랑 안에서 섬김과 나눔의 양육 시간을 통해서 고민하고 생각하고 전인격적으로 하나님을 알아가고 있잖아요.

또 한 가지, 방금 전 질문에 대한 답변은 '나 왕'의 욕심으로부터 나오는 꼬리에 꼬리를 무는 질문일 수 있습니다. 마치 나 자신이 하나님 머리 꼭대기 위에서 성경을 내 발밑에 놓은 채, "하나님, 어차피 인간이 선악과를 먹고 죄지을 것을 아는 전지전능하신 분이 왜 선악과를 만들었나요?"라고 묻는 것, 이러한 '나 왕'의 자세로는 절대로 이 질문에 대한 답을 찾을 수 없습니다. 그래서 "성경이 가라 하는 곳까지 가고, 성경이 멈추라 하는 곳에서 멈춘다"라는 종교개혁자들의 고백이 많은 것을 생각하게 합니다.

이처럼, 죄는 '나 왕'이고 이러한 마음으로부터 겉으로 드러난 행동입니다. 이제 우리는 죄라고 하면 윤리 도덕적인 차원의 죄를 생각하기 전에 먼저 하나님과 나와의 관계에서 죄를 생각해야 합니다. '나 왕'이라고 하는 죄의 뿌리로부터 교만, 반역, 기준 죄의 세 가지 기둥이 나온다고 했는데, **오늘날 사람들을 보면 이 세 가지 중에서 어떤 죄를 가장 많이 범하는 것 같나요?**

이제는 죄의 결과인 심판으로 넘어 가볼까요?

(2) 죄의 결과: 심판

심판은 죄의 결과로, 성경이 말하는 심판은 크게 세 가지입니다. '심판' 하면 지옥이 떠오르는데, 최후의 심판을 의미합니다. 그전에 영적인 죽음과 심판, 육체적인 죽음과 심판도 있어요.

- **영적인 죽음과 심판: 우리는 하나님을 (두려워하게) 되었다**(창 3:9-10).
  창세기 3장 7-10절을 보면, 아담과 하와가 죄를 범하기 전에 하지 않던 행동을 합니다. "벗은 줄을 알고 무화과나무 잎을 엮어 치마로 삼았더라"(7절-수치심), "여호와 하나님의 낯을 피하여 동산 나무 사이에 숨은지라"(8절-두려움), "하나님의 소리를 듣고 내가 벗었으므로 두려워하여 숨었나이다"(10절-두려움).

"선악을 알게 하는 나무의 열매는 먹지 말라 먹는 날에는 반드시 죽으리라"(창 2:17)라고 하나님께서 말씀하셨는데, 이 말씀대로라면 아담과 하와는 선악과를 먹자마자 바로 죽어야 합니다. 그런데 아직 살아 있습니다. 하나님의 말씀이 잘못된 것이 아니라, 영적인 죽음과 심판이 죄의 결과로 주어집니다. 죄를 범하기 전에는 동산을 거닐며 하나님과 동행했는데, 이제는 "네가 어디 있느냐?"는 음성을 듣고 하나님의 심판이 두려워 피하고 동산 나무 사이에 숨습니다. 꽃집에 파는 예쁜 장미를 예를 들어 봅시다. 다양한 색상과 줄기와 잎도 아직 푸르게 살아 있어요. 그러나 장미는 살아 있지만 죽은 거예요. 왜냐하면 양분을 공급해 주는 원줄기로부터 잘려 분리되어 있기 때문입니다. 시간이 흐르면 꽃잎도 잎과 줄기도 메말라 갑니다.

사람들은, 자아가 살아서 나름대로 꿈을 꾸고 행복하게 살아갑니다. 그러나 사실은 장미처럼 이미 영적인 죽음과 심판을 경험하고 있습니다. 그래서 하나님께 나아가야 함을 알면서도, 죄로 인한 심판이 두려워 하나님으로부터 피하고 숨습니다. 우리를 사랑하시는 창조주 하나님을 대체하는 하나님을 내가 만들어서 섬깁니다. 바로 우상숭배입니다. 장미처럼 살아 있지만 이미 죽은, 영적인 죽음과 심판을 경험하고 있는 인생의 모습입니다.

- **육체적인 죽음과 심판: 우리는 하나님으로부터 (단절)되었다.**

'단절'이란, 무엇인가 연결되다가 뚝! 끊어진 상태입니다. 죄를 범하기 전에는 하나님으로부터 오는 영원한 사랑, 풍성한 생명과 양식을 제한 없이 공급받고 살았습니다. 그런데 죄를 범한 후로는 하나님과 인간 사이가 죄로 인해 단절되었습니다. 제한 없이 하나님으로부터 공급받았던 모든 것들에 제한을 받기 시작한 거죠.

이제는 하나님의 영원한 사랑의 공급이 단절되어 애착 관계에 부족함을 경험합니다. 하나님의 풍성한 사랑 안에서 나 자신을 건강하게 사랑하고 이웃을 사랑해야 하는데, 사랑의 단절로 인해 나 자신마저도 충분히 사랑할 수 없는 상태가 되었어요. 또 하나님으로부터 공급받던 풍성한 생명과 양식도 단절되어, 약육강식, 적자생존의 갈등, 다툼, 전쟁 속에서 살게 되었습니다. 피자 한 판을 모두가 동등하게 나누어 먹으면 좋겠지만, '나 왕'의 욕심이 있는 인간은 죄의 본성을 따라 혼자 전부를 차지하려 합니다.

제도와 정책의 개선으로 이러한 갈등을 해결하려 하지만 인간의 '나 왕'이라고 하는 본성이 바뀌지 않는 이상 큰 변화를 기대할 수 없습니다. 결국, 영원한 생명도 단절되어 모든 인간은 한번 태어나면 육체적 죽음과 심판을 따라 죽게 됩니다. 한번 태어나 죽는 것은 사람에게 피할 수 없는 정해진 것이 됩니다(히 9:27).

- **영원한 죽음과 심판: 우리에게 (죽음)과 (심판)이 주어졌다**(히 9:27; 롬 14:11-12).

죄로 인해, 인간은 이제 단순히 영적·육체적 죽음과 심판만이 아니라 영원한 죽음과 심판에 이르게 됩니다. 히브리서 9장 27절에서 사람에게 죽음은 정해져 있고 그 후에 아무것도 없는 것이 아니라 심판이 있다고 합니다.

로마서 14장 11-12절에서 모든 사람은 육체적 죽음 후에 하나님의 심판대 앞에서 자기 일을 하나님께 직고하고 자기 혀로 자백하게 된다고 합니다. 이 세상에서는 몰랐어요. 묵묵부답할 수 있지만, 하나님의 심판대 앞에서는 우리가 대수롭지 않게, 타인에 대해 비판했던 일까지 직고하고 자백하게 됩니다.

또 지옥의 모습에 대해 마가복음 9장 43-50절을 통해서 어느 정도 짐작할 수 있습니다. 지옥은 꺼지지 않는 불(43절; 계 21:8), 한번 들어가면 절대로 빠져나올 수 없는 곳(45, 47절), 구더기도 죽지 않고 불도 꺼지지 않는 영원한 형벌이 이루어지는 곳(48-50절)입니다. 그래서 예수님은 우리의 손과 발이 죄를 범할 때 찍어 버리고 차라리 장애인으로 천국에 들어가는 것이 낫다고까지 강조하면서 말씀하셨습니다(43, 45절).

하나님은 사랑이신데, 왜 지옥이 있느냐고 항변할 수 있지만, 하나님의 사랑은 하나님의 공의와 함께 이루어집니다.

(3) 가장 무서운 심판(롬 1:18-32)

영적인 죽음과 심판-육체적인 죽음과 심판-영원한 죽음과 심판, 성경이 말하는 세 가지 심판을 보았는데요. 육체적 죽음을 맞이한 후에, 지옥의 형벌에 이르기 전에, 이 세상에서 이루어지는 가장 무서운 심판이 있습니다.

바로, **하나님이 우리를 그냥 (내버려) 두시는 심판입니다. 왜 그럴까요? 우리 안에 있는 (죄) 때문에 하나님의 은혜로 우리를 붙잡아 주시지 않으면 우리는 무더운 여름의 생선처럼 (죄)만 짓다가 부패하여 (흙)으로 돌아가기 때문입니다(창 3:19).**

로마서 1장 18-32절을 보면, 하나님께서 내버려 두시면 안타까운 일들이 일어납니다. 그들을 마음의 정욕대로 내버려 두고(24절), 부끄러운 욕심에 내버려 두고(26절), 그들을 그 상실한 마음대로 내버려 둔다 하셨습니다(28절). 왜 하나님께서 내버려 두셨을까요? 18-23절을 보면, 사람들에게 하나님을 알 만한 것들을 분명히 보이게 하셔서 하나님에 대해 어느 정도 알게 하셨다고 해요. 그런데 사람들이 오히려 우상을 숭배하고 그 마음이 어두워집니다. 결국 하나님께서 내버려 두실 때 창조의 원리를 뒤집는 일들이 일어납니다. 그리고 28-31절을 보면 활화산의 분화구가 '뻥' 하고 폭발하듯이, '나 왕'의 욕심이 폭발하여 수많은 죄악이 쏟아져 나옵니다. 게다가 이와 같은 일을 행하는 자는 사형에 해당한다고 하나님께서 정하심을 알고도 자기들뿐만 아니라 그런 일을 행하는 자들을 옳다고 합니다(32절).

로마서 1장 18-32절을 보면서, 마음이 무겁죠? 나는 거기에 해당이 안 된다고 생각하나요? 아닙니다. 바로 우리의 모습입니다. 단지 우리는 휴화산일 뿐이죠. 하나님께서 사랑과 은혜로 간섭하시고 붙잡아 주시기 때문에 활화산처럼 쏟아져 나오는 죄악들은 없어요. 그러나 휴화산의 땅속 깊은 곳에 부글부글 용암이 끓고 있는 것처럼, 우리의 마음에도 하나님 없이 내가 주인, 왕, 하나님으로 살고 싶은 '나 왕'의 욕심이 부글부글 끓고 있습니다. 하나님께서 우리를 사랑과 은혜로 붙잡아 주시지 않고 내버려 두면 활화산처럼 그리고 여름날 밖에 내버려 둔 생선처럼 죄만 짓다가 부패하고 심판에 이르게 됩니다. 육체는 썩어서 흙으로 돌아가게 되고요.

3. 그럼 난?

혹시 오늘 죄와 심판에 대한 말씀 때문에 마음이 무겁나요? 성경은 모든 사람은 죄인이라고 합니다(롬 3:23). 맞습니다. 누구도 죄와 심판에서 스스로 빠져나올 수 없고 해결할 수도 없기에 우리에게는 (구원)이 필요합니다. 반드시 예수님을 믿고 구원받아야 합니다. 그래서 다음 주에는 죄와 심판에서 건짐받는 구원에 대하여 나누려 합니다.

● 요즘 또는 살면서 하나님께서 나를 내버려 두지 않고 사랑과 은혜로 붙잡아 주고 계신다는 생각이 언제 가장 많이 드나요? 함께 나누고 마칩니다.

암송 창세기 3:5

포인트 필사

"너희가 그것을 먹는 날에는 너희 눈이 밝아져 하나님과 같이 되어 선악을 알 줄 하나님이 아심이니라"(창 3:5).

성경이 말하는 죄는, 창조주 여호와 하나님 없이 내가 삶의 주인과 왕, 하나님이 되어 살아가는 자체 즉 '나 왕'입니다.
착하게 살든지 나쁘게 살든지 '나 왕'으로 살아가는 자체가 죄입니다. 죄의 결과로 세 가지, 곧 영적, 육체적, 영원한 죽음과 심판에 이르게 됩니다. 그래서 우리에게는 모든 죄와 모든 심판에서 건짐을 받는 구원이 필요합니다.

포인트 필사 / 따라 쓰기

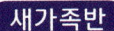

5
당신을 위한
최고의 선물

하나님 나라로 초대된 우리에게는 최고의 선물이 준비되어 있어요. 바로 '구원'이라는 선물입니다. 그래서 '구원받는다'라고 합니다. 구원은 하나님께서 우리에게 은혜로 주시는 최고의 선물입니다. 오늘은 구원의 선물에 대해 살펴봅시다.

1. 마음 열기

지금까지 받았던 선물 중에서 가장 기억에 남는 선물은 무엇인가요?

하나님께서 우리에게 주시는 최고의 선물은 예수님을 통해 주시는 (구원)의 선물입니다. '구원받았다'라는 말은, '건짐받는다'라는 의미예요. 인간 스스로 빠져나오거나 해결할 수 없는 모든 죄와 모든 심판으로부터 건짐받는다는 의미입니다. 그렇기에 최고의 선물은 구원입니다.

2. 말씀 속으로

(1) 선물을 주는 이유

우리가 누군가에게 선물을 주는 이유는 무엇이죠? 선물을 받는 사람이 (자격)이 있어서 주는 것이 아니라, (사랑)하기 때문에 입니다. 맞습니다. 하나님께서 우리에게 구원의 선물을 주시는 이유도, 우리가 받을 만한 자격이 있어서가 아니라 그저 우리를 사랑하시기 때문이에요. 성경은 우리가 구원의 선물을 받을 자격이 없다는 것을 보여 줍니다.

자격 없는 우리의 모습을 살펴봅시다.

- 로마서 3:23 – 나는 (죄인)이다.

모든 사람이 죄를 범했다고 말씀합니다. 이 죄는 지난주에 살펴본 것처럼 윤리 도덕적인 행동의 죄 이전에 창조주 하나님 없이 내가 삶의 주인, 왕, 하나님으로 살고 싶은 '나 왕'의 욕심을 의미합니다. 착하게 살든지 나쁘게 살든지 '나 왕'으로 살아가는 것 자체가 죄입니다. 아담과 하와 이후로 태어난 모든 사람은 '나 왕'의 욕심을 갖고 태어나기 때문에 모든 사람은 죄를 범하여 하나님의 영광에 이를 수 없게 되었어요. 구원받을 자격(의로움의 기준)에 모든 사람은 불합격 상태로 태어나 죄악 속에 살아가요. 이렇게 모든 사람은 죄인이기 때문에 나도 구원의 선물을 받을 만한 자격이 없는 죄인입니다.

- 로마서 6:23 – 나는 (사망)한다.

죄를 지을 때 주어지는 임금(삯)은 사망이지만, 하나님의 선물은 그리스도 예수 우리 주 안에 있는 영생이에요. 만약 우리가 계속해서 예수님을 믿지 않으면 '나 왕'으로 죄악 속에 살게 되고, 그 대가로 주어지는 삯이 사망입니다. 그래서 나는 사망할 수 밖에 없고, 구원받을 자격이 없습니다.

- 히브리서 9:27 – 나는 (심판)을 받는다.

혹시 이런 사람이 있을까요? 자신이 삶의 주인과 왕, 하나님이 되어 '나 왕'으로 열심히 살아갑니다. 꿈을 이루며 멋진 인생을 살다가 죽음을 앞두고, "여러분! 나는 후회 없이 열심히 살았어요. 하나님은 없어요. 그냥 각자가 열심히 살면 돼요. 나는 죽음이 두렵지 않아요. 전기 플러그를 콘센트에서 뽑으면 전기가 나가는 것처럼 인간에게 죽음이란 이런 거예요. 죽음 이후에는 아무것도 없어요. 나는 잘살다 죽습니다. 모두 안녕히 계세요"라고 하는, 정말 죽음을 두려워하지 않는 사람이 있을 수 있을까요? 한 사람도 없을 거예요. 어떠한 삶을 살았든지 인간은 죽음을 두려워합니다.

죽음 자체를 두려워하기도 하지만, 사실은 죽음 후에 있는 심판을 본능적으로 두려워합니다. 한 번 죽는 것은 사람에게 정해져 있는데, 그 후에는 심판이 있습니다. 우리에게는 구원받을 만한 자격이 없기에 심판을 받습니다. 세 가지 구원받을 자격이 없는 모습을 함께 읽어 볼게요.

어떠세요? '내가 왜 죄인이고 왜 사망하고 왜 심판을 받아야 되느냐?' 혹시, 이런 의문점이 있으면 이야기해도 됩니다. 성경이 말하는 죄와 심판을 알고 있다면, 이 세 가지는 나를 포함한 모든 사람의 모습이에요. 나는 자격이 없지만 하나님께서 그저 나를 사랑하셔서 예수님을 통해 구원의 선물을 주셨다는 것을 잊지 말아야 해요.

(2) 선물 준비

누군가에게 주기 위해 선물을 준비하는 사람의 마음은 어떨까요? 맞습니다. 받는 사람도 행복하지만, 선물을 준비하는 사람이 더 행복한 것 같습니다. 특히 귀한 선물일수록 준비하는 시간이나 마음이 특별할 거예요.

이처럼, 하나님께서 우리에게 구원의 선물을 주시기 위해 준비하셨다는 것을 성경은 이야기합니다.

나에게 선물을 주시려고 하나님은 어떤 준비를 하셨을까요?

(창세 전)부터 (그리스도) 안에서 나를 위해 준비하셨습니다(엡 1:4). 몇십 년, 몇백 년 정도가 아니라 창세 전부터, 세상이 시작되기도 전에 나를 그리스도 안에서 택하시고 거룩하게 하시려고 구원의 선물을 준비하셨습니다. 내가 어떤 시대, 어떤 나라, 어떤 부모, 어떤 전도자를 통해서 구원의 선물을 받게 될지를 선하신 하나님은 미리 정하시고 계획하셨습니다. 예정이라고도 하는데요. 하나님 자녀로 미리 택하시고 정하셨다는 거예요.

예정은 '책상에 앉아서 어떤 사람은 택하시고 어떤 사람은 택하지 않으셨어. 그러니 택하지 않은 사람에게는 전도할 필요가 없어. 택함받은 사람은 어떻게 살아도 괜찮아 이미 택하셨으니까' 등의 이런 엉뚱한 생각을 하기 위한 것이 아닙니다. 오히려 삶의 현실에서 뒤를 돌아볼 때 경험하게 되는 하나님의 사랑과 은혜입니다. '아, 맞다. 내가 지금까지 살아 온 삶을 돌아보니까 그때 그 만남, 그 불행한 일, 행복한 일, 그 모든 과정을 통해서 하나님께서 나를 이렇게 선한 길로 인도하셨구나. 교회로 발걸음을 내딛게 하셨구나. 앞으로도 나의 삶을 계획하시고 인도하시겠구나.' 결국, 예수님을 믿는 자가 예정받은 자입니다.

어떤 사람이 지금은 예수님을 믿지 않을 수 있습니다. 그러나 정말로 그 사람이 그리스도 안에서 예정받은 자라면 하나님의 선하신 인도하심 속에 언젠가는 예수님을 믿게 됩니다. 자! **나의 삶을 되돌아보면서 하나님께서 지금까지, 여기까지, 어떻게 인도하셨는지를 나누어 봅시다. 이 모든 것이 구원의 선물을 주기 위한 하나님의 준비였음을 알 수 있어요.**

(3) 선물 받기

누군가 날 위해 오랫동안 사랑으로 준비하여 선물을 줄 때, 어떻게 받을 건가요? 이제 구원의 선물을 어떻게 받는 것인지, 즉 어떻게 구원받는 것인지 살펴볼게요.

나는 어떻게 구원받을 수 있습니까?

● 에베소서 2:8-9 내가 예수님을 (믿음)으로

　누군가 날 위해 오랫동안 사랑으로 준비한 선물을 줄 때, 내가 한 것은 아무것도 없어요. 그저 손을 내밀어 감사로 받아들일 뿐입니다. 수납한다(받다)고 하죠.

　에베소서 2장 8절에 "너희는 그 은혜에 의하여"라고 합니다. 우리가 구원받기 위해 한 것이 아무것도 없어요. 오히려 구원의 선물을 받을 만한 자격조차 없어요. 그런데 하나님께서 우리를 사랑하셔서 구원받을 수 있는 오직 유일한 방법과 길로 독생자 아들 예수 그리스도를 이 땅에 보내 주셨어요. 예수님은 모든 하나님의 말씀에 순종하셨고, 우리를 모든 죄와 모든 심판에서 건지기 위해 우리가 죄로 인해 당해야 할 모든 지옥의 고통과 심판을 대신 담당하셨어요. 그래서 채찍에 맞고 모든 모함을 당하고 가시 면류관을 쓰고 양손과 양발에 못을, 옆구리에는 창에 찔리고 죽으셨어요. 그리고 삼 일 만에 부활하셨어요.

　자, 생각해 보세요. 우리가 한 것은 아무것도 없어요. 아무리 착한 일을 하고 선한 일을 해도 구원받을 수 없어요. 그래서 구원은 행위에서 난 것이 아니에요. 그저 누군가 준비한 선물을 감사로 수납하는(받는) 것처럼, 이 사실을 믿음으로 구원받고 하나님의 자녀가 됩니다. 예수님을 믿을 때, 우리 안에 있는 모든 죄와 허물이 예수님께 옮겨지고(전가) 예수님 안에 있는 의로움(죄가 하나도 없는 구원받을 만한 자격)이 우리에게 옮겨집니다. 오직 은혜로 오직 믿음으로 죄인이 의로운 하나님의 자녀가 됩니다.

　만약, 오직 은혜와 오직 예수님을 믿음으로 구원받는 것이 아니라 인간의 행위로 구원을 받는다면, 우리는 예수님이 아니라 자신을 자랑할 거예요. "하나님, 저는 착하게 선을 행하며 살았으니 당연히 지옥 안 가고 구원받을 수 있는 거죠? 난 역시 구원받을 만한 사람이야." 그러나 누구도 이럴 수 없겠죠? 그래서 에베소서 2장 9절은 "행위에서 난 것이 아니니 이는 누구든지 자랑하지 못하게 함이라"라고 했습니다.

또 한 가지는, 예수님을 영접하는 거예요.
- 요한복음 1:12 내가 예수님을 (영접함)으로

  영접은 기쁘게 (받아들이다), 환영하다(welcome)라는 의미예요.

새로운 로마 황제가 등극하면 통치하는 나라를 시찰합니다. 신하가 먼저 와서 "왕이 납시오. 왕이 오십니다"라고 합니다. 그리고 조금 후에, 왕이 오면 백성들은 길을 열고 엎드려 왕을 환영하며 맞이합니다.

잠시 후 왕이 길을 가다가, 갑자기 왕의 홀을 내밀어 엎드려 있는 어떤 사람에게, "너는 내일부터 궁궐에 와서 경비대 일을 하거라"라고 합니다. 그 순간부터 이 사람은 오직 왕의 권세로 궁궐 경비대가 됩니다. 누구도 따질 수 없어요. 왕의 권세이기 때문이에요. 이처럼, 그 이름을 믿는 자들에게는 하나님의 자녀가 되는 권세를 주셨습니다. 우리 스스로 무엇을 해서 구원받고 하나님의 자녀가 되는 것이 아니라, 만왕의 왕이신 예수님께서 하나님의 자녀가 되는 권세를 주신 거예요.

그래서 예수님을 영접한다는 것은 다음과 같습니다.
- 새(new) 왕을 영접하는 거예요. 나 자신이 삶의 주인과 왕이 아니라, 예수님이 나의 삶의 주인과 왕이 되는 거예요. 이런 의미로 '주님', '주여'라고 고백하죠. 이것이 가장 중요한 회개예요. 인생의 터닝포인트! '나 왕'에서 '주 왕'으로 인생의 방향을 전환하는 거예요.
- 또 새 통치를 영접하는 거예요. 왕은 왕이 된 후에 가만히 있지 않아요. 새롭게 통치하며 평화롭고 새로운 나라를 만들려고 하죠. 이것이 예수님 당시에 사람들이 이해했던 복음이에요. '왕의 통치로

이루어진 평화로운 세상!' 그런데 아무리 새로운 로마 황제가 등극해서 새로운 통치를 해도 평화로운 세상은 이루어지지 않았어요. 이때 예수님은 "때가 찼고 하나님의 나라가 가까이 왔으니 회개하고 복음을 믿으라"(막 1:15)라고 하셨어요. 이제 예수님은 우리의 삶을 새로운 통치로 다스리고 우리의 모든 삶을 하나님 나라로 이루어 가십니다. 예수님은 천국의 현재성을 많이 강조하셨어요. 그래서 회개하고 믿는 자에게 하나님 나라가 가까이 왔다고 하셨죠. 이제 예수님을 통해 이 땅에서 하나님 나라의 통치를 받고 누리며 살다가 죽음 후에는 영원한 하나님 나라로 갑니다. 그래서 오직 예수님만이 복음, 예수님께서 회복하신 하나님 나라가 참된 기쁜 소식입니다.

- **새 정책과 법을 영접**하는 거예요. 왕은 무엇을 통해 통치하고 다스리나요? 새로운 정책과 법입니다. 군사 정책, 토지법, 경제 정책, 주택법 등 오늘날도 새로운 정부가 시작되면 새 정책과 법을 통해 국가 통치를 이루어 갑니다. 이처럼, 예수님도 우리 삶의 주인과 왕으로서 새로운 정책과 법으로 우리의 모든 삶을 하나님 나라로 이루어 가십니다. 그것이 바로 성경입니다.

성경은 하나님 말씀이며 진리예요. 동시에 성경은 하나님 나라의 정책과 법, 하나님 나라의 헌법입니다. 예수님은 이제 우리에게 새로운 하나님 나라의 정책과 법을 제시하십니다. 마음을 다스리는 법, 생각에 대한 정책, 언어에 대한 법, 가정에 대한 정책, 경제에 대한 법, 결혼에 대한 정책, 부부관계에 대한 법, 죽음에 대한 정책, 죄에 대한 법 등 이 모든 것이 성경에 나와 있어요.

'나 왕'으로 살았을 때 나 자신이 인생의 기준이었다면, 이제는 하나님 나라의 정책과 법인 성경이 우리의 기준이 됩니다. 예수님은 새 정책과 법인, 성경을 통해 우리의 모든 삶을 통치하시고 하나님 나라로 이루어 가십니다.

- **새 순종을 영접**하는 거예요. 아무리 왕이나 대통령이 새로운 정책과 법을 제시해도 따르지 않으면 소용이 없어요. 예수님께서 제시하는 하나님 나라의 정책과 법에 우리는 순종해야 합니다. '나 왕'으로 살면서 나의 욕심과 나의 원하는 대로 살았다면, 이제는 하나님 나라의 정책과 법에 작은 것에서부터 새롭게 순종해야 합니다.
- **새 나라를 영접**하는 거예요. 예수님께서 제시하는 하나님 나라의 정책과 법인 성경에 순종할 때에 모든 삶은 하나님 나라로 이루어집니다. 마음과 생각을 다스리는 법에 순종하여 이제는 '나 왕'이 아니라 '주 왕'임을 인정할 때에 마음과 생각에 하나님 나라가 이루어집니다. 결혼과 가정에 대한 법에 순종할 때에 결혼과 가정에 하나님 나라가 이루어집니다. 돈과 일터에 대한 법에 순종할 때에 일터에 하나님 나라가 이루어집니다. 이렇게 내 안에 시작된 하나님 나라 통치가 나에서 가정으로, 가정에서 일터로, 일터에서 세상으로 확장됩니다.
- **새 선교를 영접**하는 거예요. 단순한 질문인데, 미국, 일본, 북한 세 나라 중에 어떤 나라로 이민을 가고 싶나요? 아마 미국이 가장 많을 거예요. 세 나라 국민의 삶의 방식을 볼 때 미국 사람들이 가장 매력적으로 보이기 때문이에요. 세 나라 사람들을 보면 삶의 방식이 달라요. 언어, 교육, 결혼, 가치관, 라이프스타일, 즉 삶의 방식이 달라요. 선교와 전도는 하나님 나라로 이민 오는 거예요. 매력적인 하나님 나라 백성들의 삶의 방식을 통해 세상 나라에 속한 한 영혼(예수님이 찾으시는 영혼)이 하나님 나라로 이민 오는 거예요. 마음과 생각하는 방식, 결혼과 가정을 이루는 방식, 돈과 일터에 대한 방식, 삶의 목적과 가치관의 방식 등 무엇인가 다릅니다. 바로 이러한 매력적인 라이프스타일 자체가 전도지가 되는 거예요.
- **새 비전을 영접**하는 거예요. 바로 하나님 나라 비전입니다. 비전은

한 사람의 모든 인생을 통해 이루어 가는 청사진입니다. 예수님을 영접하면, 이 땅에 하나님 나라를 이루어 가는 삶을 살게 됩니다. 그리고, 영원한 천국에 이르게 됩니다.

예수님을 영접하는 7가지 의미를 살펴보았는데요(새 왕, 새 통치, 새 정책과 법, 새 순종, 새 나라, 새 선교, 새 비전). 예수님을 믿고 영접함으로써 구원받는다는 것은, 교회에서 위로받는 그 이상의 놀라운 의미가 있습니다.

● 지금까지 예수님을 믿고 영접함으로 구원받을 수 있음을 보았습니다. 특히, 예수님을 영접하는 7가지 의미를 볼 때, 어떤 생각과 마음이 드나요? 함께 나누어 봅시다.

3. 그럼 난?

우리는 구원의 선물을 받을 자격이 없습니다. 그러나 하나님께서는 우리를 사랑하셔서 예수님을 통해 구원의 선물을 주십니다. 우리에게 구원의 선물을 주시기 위해 창세 전부터 그리스도 안에서 준비하고 계획하셨습니다. 이제, 우리는 예수님을 믿고 영접함으로 (구원)받고 (하나님 자녀)가 되며 (하나님 나라)의 통치가 우리의 삶에 시작됩니다. 이 모든 것이 거저 주시는 구원의 선물입니다. 그래서 신앙생활을 처음 시작할 때, 누구든지 이 찬송을 부르면 감동을 받습니다.

새찬송가 563장 "예수 사랑하심을" 함께 불러 볼까요?

이 찬송을 함께 드렸는데, 마음이 어떠세요?

● 오늘 나눈 내용을 기억하면서 에베소서 2장 8-9절을 함께 읽고 마치겠습니다.

다음 주는 새가족반 마지막 시간입니다. 다음 장의 "영접이 뭐예요?"를 읽고, '맞다, 틀리다'에 체크를 해 오세요.

암송 에베소서 2:8-9; 요한복음 1:12

포인트 필사

"너희는 그 은혜에 의하여 믿음으로 말미암아 구원을 받았으니 이것은 너희에게서 난 것이 아니요 하나님의 선물이라 행위에서 난 것이 아니니 누구든지 자랑하지 못하게 함이라" (엡 2:8-9).

포인트 필사 / 따라 쓰기

> 새가족반

6
영접이 뭐예요?

먼저 요한복음 1장 12절을 읽어 봅시다.

"영접하는 자 곧 그 이름을 믿는 자들에게는 하나님의 자녀가 되는 권세를 주셨으니."

우리가 구원받을 수 있는 유일한 조건은, 오직 은혜 안에서 오직 예수님을 믿고 영접하는 것입니다. 다음의 질문을 통해 이 사실을 확인하고 체크해 봅시다.

1. 말씀을 다 지켜야 구원받는다. (맞다, 틀리다)
2. 죄가 하나도 없어야 구원받는다. (맞다, 틀리다)
3. 착한 일을 많이 해야 구원받는다. (맞다, 틀리다)
4. 돈이 많아야 구원받는다. (맞다, 틀리다)
5. 술과 담배 그리고 욕을 하지 않아야 구원받는다. (맞다, 틀리다)

6. 오직 은혜와 예수님을 믿음이 구원의 조건이다. (맞다, 틀리다)
7. 사람을 죽이면 세상에서는 반드시 처벌받지만, 하나님 앞에서는 오직 은혜와 오직 예수님을 믿음으로 구원받을 수 있다. (맞다, 틀리다)
8. 예수님을 믿음으로 나는 하나님의 자녀가 된다. (맞다, 틀리다)
9. 예수님을 믿음으로 나의 과거, 현재, 미래의 모든 죄가 용서함을 받고 천국에 간다. (맞다, 틀리다)
10. 예수님을 믿음으로 더 이상 나는 죄인이 아니라 용서받은 의인이 되었다. (맞다, 틀리다)
11. 나는 예수님의 은혜와 사랑으로 구원받았기 때문에 하나님의 말씀을 따라 변화된 삶을 살아야 한다. (맞다, 틀리다)
12. 오직 은혜와 오직 믿음 외에 다른 것은 구원의 조건이 될 수 없다. 은혜는 자격이 없는 사람에게 주어지는 선물인데, 다른 것이 조건이 된다면 은혜가 아니라 구원의 조건에 따라 받는 것이 되기 때문이다. (맞다, 틀리다)
13. 예수님을 믿고 영접하기
    - 영접은 '받아들인다'라는 뜻이다. (맞다, 틀리다)
    - 믿음은 지식, 감정, 의지 세 영역에서 예수님을 기쁨으로 기꺼이 받아들이는 것을 말한다. (맞다, 틀리다)
    - 첫째, 지식적으로 우리는 말씀을 듣고 '아, 이 말이 맞다'라는 생각으로 예수님에 대한 복음의 내용을 기쁨으로 받아들인다. (맞다, 틀리다)
    - 둘째, 감정적으로 '예수님께서 나의 죄를 위해 대신 십자가를 지실 때 얼마나 아프셨을까?' 하는 마음으로 예수님을 받아들인다. (맞다, 틀리다)
    - 셋째, 의지와 행동으로 '나는 죄인입니다. 나의 죄를 용서해 주세요!'라고 회개하며 하나님께로 돌이키도록 예수님을 기쁨으로 받아들인다. (맞다, 틀리다)
14. 예수님을 영접할 때 엄청난 체험을 해야만 구원받은 것이다. (맞다, 틀리다)
15. 내가 구원받았다는 것은 성경의 증거와 성령의 증거(하나님을 아버지로 부르는 모습)로 확신한다. (맞다, 틀리다)

16. 구원받은 나는 죄를 끊고, 나의 왕인 하나님의 명령(말씀)을 따라 살아야 한다. (맞다, 틀리다)

17. 아무리 착하게 살아도 예수님을 믿지 않고 내가 주인과 왕으로 살면 지옥에 간다. (맞다, 틀리다)

함께 진실로 고백하며 기도하겠습니다.

"하나님 아버지! 저는 제 인생의 주인과 왕이 되어 하나님 없이 마음대로 살았습니다. 이러한 모습 가운데 하나님을 향해 마음으로 행동으로 죄를 지었습니다. 이제 나를 사랑하여 보내 주신 독생자 아들이신 예수님을 믿습니다. 예수님은 나를 사랑하셔서 이 땅에 와서 나의 죄를 위해 죽었다가 3일 만에 다시 살아나셨으며, 이제 다시 오실 구원자임을 믿습니다. 내 안에 보내 주신 성령님을 통해 하나님을 이제 아버지라 부릅니다. 하나님 아버지! 이제 저는 하나님의 것입니다. 이제 나의 왕은 하나님입니다. 왕의 명령을 따라 살겠습니다. 저를 하나님의 자녀로 삼아 주시고 구원하여 주시니 감사합니다. 예수님의 이름으로 기도합니다. 아멘!"

- 한 주간 위의 내용을 바탕으로 각자의 영접 기도문을 작성해서 다음 주에 함께 나누겠습니다.

새생명반
(하나님 나라의 기초)

1. 구원의 확신

2. 내가 다시 태어났다고요?

3. 성경

4. 기도

새로운 건물을 세우려면 먼저 낡은 건물을 허물어야 합니다. 우리의 삶에 하나님 나라를 세우기 위해 내가 삶의 주인과 왕으로 살아왔던 지난날들을 되돌아보며 허무는 시간을 가졌습니다. 이처럼 새가족반은 하나님 나라로 초대되어 '나 왕'을 허물고 주 왕을 영접하는 복된 시간이었습니다.

새로운 건물을 세울 때 기초가 중요합니다. 새생명반에서는 하나님 나라의 기초에 대해 살펴봅니다.

다음의 그림을 보고 어떤 느낌 또는 어떤 생각이 드는지 나누어 봅시다.

'새생명'이라는 이미지를 떠올려보기 위해 앞서 그림을 살펴봤습니다.

우리는 예수 그리스도로부터 '새생명'을 얻었습니다.

우리는 강아지풀처럼 작은 바람에도 흔들리고 넘어집니다. 그러나 강아지풀이 어떤 손에 이미 붙들려 있기 때문에 안전한 것처럼 우리도 이미 그리스도 안에 속해 있음을 잊지 마세요. 하나님 나라의 기초는 오직 '그리스도 안에 있으면'에서 시작합니다. 이제 우리의 삶은 그리스도 안에 속해 있습니다.

고린도후서 5장 17절을 읽어 봅시다.

"그런즉 누구든지 그리스도 안에 있으면 새로운 피조물이라 이전 것은 지나갔으니 보라 새것이 되었도다."

이제 그리스도 안에서 새로운 창조가 시작됩니다. '나 왕'으로 살던 삶은 지나갔습니다. 새롭게 지음받은 새로운 피조물이 되었고 날마다 하나님께서 새롭게 하십니다. '보라 새것이 되었도다'라고 서로 축복하면서 새생명반을 시작해 볼까요?

새생명반

1
구원의 확신

1. 마음 열기

하나님께서 하나님 나라 백성으로 아브라함과 이스라엘을 부르셨습니다. 이와 같이 우리도 예수 그리스도를 믿음으로 구원을 받아 하나님 나라의 백성이 되었습니다. 그럼, 내가 구원받았음을 무엇을 통해 알 수 있을까요?

2. 말씀 속으로

(1) 외적인 증거(약속의 말씀)

내 안에 있는 감정, 느낌, 생각이 구원받았다는 확신의 증거가 될 수 없어요. 왜냐하면 나의 감정, 느낌, 생각은 자주 변하기 때문입니다. 그래서 내 안에 있지 않은 외적인 증거, 변함이 없는 약속의 말씀이 언제나 구원받은 확신의 증거가 됩니다.

예수님께서 믿는 자에게 약속하신 것은 무엇인가요?(요 5:24)
- 과거: (사망)

과거에 예수 그리스도를 영접하기 전 '나 왕'으로 살았던 삶입니다.
- **현재: (영생)을 얻었고 / (생명)으로 옮겼느니라**
  나중에 천국 가서 영생을 얻는 것이 아니라, 현재 믿는 자에게 이미 그리스도 안에서 영원한 생명이 시작되었고 하나님 나라의 통치가 시작되었어요.
- **미래: (심판)에 이르지 아니하나니**
  내 말 곧 예수 그리스도의 말씀을 듣고, 또 나 보내신 이 곧 하나님 아버지를 '믿는 자'는, 이미 영생을 얻었기 때문에 미래에도 심판에 이르지 않아요.

이것은 사실이기 때문에 어떤 느낌이나 감각으로 확증할 필요가 없습니다. 다만, 믿으면 됩니다. 어떤 전쟁에서 휴전을 위해 협정을 맺으면 그 협정이 후대에 태어난 사람들에게도 적용이 되는 것처럼, 예수 그리스도께서 우리를 모든 죄와 모든 심판에서 건지기(구원하기) 위해 죽으시고 부활하심으로 사망과 어둠의 권세와의 싸움에서 이미 승리하셨어요. 그리고 협정을 맺으시고 선포하셨어요. "내가 진실로 진실로 너희에게 이르노니 내 말을 듣고 또 나 보내신 이를 믿는 자는 영생을 얻었고 심판에 이르지 아니하나니 사망에서 생명으로 옮겼느니라"(요 5:24). 그렇기에 약속의 말씀을 믿는 모든 자에게 적용되는 사실이 됩니다. 이것이 우리가 구원받은 것을 확신할 수 있는 가장 중요한 증거예요.

하나님의 자녀로 살다가도 연약해질 때 내 안에 있는 느낌과 감정은 흔들릴 수 있어요. '이렇게 사는 데 내가 무슨 하나님의 자녀야?' 이럴 때마다 변함이 없는 외적인 증거(약속의 말씀)를 다시 의지하고 붙들어야 해요.

요한복음 5장 24절에서 예수님께서 약속하신 믿는 자의 과거, 현재, 미래에 대한 말씀 중 가장 소망이 되는 말씀은 무엇인가요?

(2) 내적인 증거(성령의 증거)

구원받은 것을 확신 할 수 있는 두 번째 증거는, 내적인 증거(성령의 증거)예요. 성경이 말하는 하나님은 삼위일체(세 분이면서 동시에 한 분/한 분이시면서 동시에 세 분)로 거하세요. 성부 하나님은 구원을 계획하시고, 성자 하나님 예수 그리스도는 이 땅에 오셔서 구원을 직접 이루시고, 성령 하나님은 예수 그리스도께서 이루신 구원을 개개인에 믿어지도록 말씀을 통해 적용하십니다. 정말 놀랍고 감사하죠? 나 한 사람을 구원하시기 위해 삼위일체 하나님께서 사랑으로 행하시는 일들이 너무 감사해요.

이처럼, 거룩한 영, 진리의 영이신 성령 하나님은 외적인 증거인 약속의 말씀을 통해 개개인에게 믿어지도록 적용하십니다. 말씀을 들을 때 우리가 죄인 됨을 깨닫게 하시고 예수 그리스도를 믿고 영접하게 하십니다. 그래서 우리가 구원받은 것을 확신할 수 있는 증거가 성령의 증거입니다.

로마서 8장 14-16절을 읽고 구원받은 자의 세 가지 특징을 찾아봅시다.

- 14절 – 하나님의 (영)으로 인도함을 받는다.

  성령께서 말씀을 통해 우리가 믿어지게 하시고 예수 그리스도께로 인도하십니다.

- 15절 – 하나님을 (아빠) 아버지라고 부르짖는다.

  예수님을 영접하기 전에 무서워하는 종의 영/사탄의 권세 아래 살았기 때문에 하나님을 감히 친밀하게 하나님 아빠, 하나님 아버지라고 부를 수 없었어요. 그러나 이제는, 원래 자녀가 아니지만 합법적으로 자녀를 받아들이고 양자 삼는 것처럼 성령께서 양자의 영이 되십니다. 그래서 우리가 합법적으로 하나님의 자녀로 하나님께 받아들여지고, 우리는 이제 하나님을 친밀하게 '아빠 아버지'라고 부르게 됩니다.

  이 땅에서 하나님 나라를 이루어가면서 영원한 천국에 가는 날까지 하나님 아빠 아버지를 정말 많이 부르게 되는데, 힘들 때나 기쁠 때나 '하나님 아버지'라고 부르세요. 그 사랑 안에서 함께하시고 위로해 주십니다.

예수님을 믿지 않고 구원받지 못한 사람에게 "돈을 줄 테니 하나님 아빠 아버지라고 부르세요"라고 하면 할 수 있을까요? 돈을 받기 위해서 할 수도 있겠지만, 양자의 영이 없기에 두렵기도 하고 거북해서 하나님을 아빠 아버지라고 부를 수 없어요. 그러나 우리는 언제나 하나님을 아빠 아버지라고 부를 수 있어요. 예수님께서 하나님 아버지와 친밀한 사랑을 누렸듯이 우리도 하나님을 아버지라 부를 수 있습니다. 쑥스럽지만, 함께 하나님 아버지를 불러 볼까요?

- 16절 - 우리가 하나님의 자녀인 것을 (증언)하신다.

'증언'은 법적 용어입니다. 변호자가 증언하고 도움을 주고 격려해 주는 것처럼, 성령 하나님은 우리가 죄악 속에 넘어지고 삶의 현실에 지쳐 쓰러질 때 옆에서 도움을 주십니다. 위로해 주시고 상담해 주시며 우리가 하나님 자녀인 것을 증언해 주십니다.

우리가 구원받았음을 확신할 수 있는 성령의 증거 세 가지를 봤습니다. 이 세 가지 중에서 요즘 가장 많이 누리고 있는 성령의 증거는 무엇인가요?

(3) 삶에서의 증거(삶의 변화)

성령 하나님께서 약속의 말씀으로 우리 내면에 경험하게 하시는 성령의 내적인 증거를 봤습니다. 이러한 내적인 경험은 더 자극적인 신앙 체험으로 가는 것이 아니라 삶의 변화로 나아가게 됩니다. 이단이나 미신, 맹신, 광신에 빠진 신앙생활은 더 자극적인 신앙 체험에 치우치는 모습을 보여요. 건강한 신앙생활은 약속의 말씀으로 역사하시는 성령님을 통해 구원받은 내적인 증거가 있는 것이며, 삶에 증거가 있고 변화되는 모습으로 나아갑니다.

● 로마서 8:5 - 생각의 변화: 가장 (변하기) 힘든 (생각)이 달라진다.

육신을 따라 '나 왕'으로 사는 자는 육신에 속한 생각만 하지만, 성령을 따라 '주 왕'(예수님을 삶의 주인과 왕으로)으로 사는 자는 성령에 속한 생각을 해요. 구원받은 자의 삶의 증거 첫 번째는 생각의 변화입니다.

보통 이런 말을 합니다. "사람 참 안 변해." 이 말은 사람의 생각이 잘 변하지 않는 것을 의미합니다. 생각은 관점, 프레임, 가치관, 세계관, 사상 등으로 표현되기도 하는데요. 사람의 생각 중에 가장 변하기 힘든 생각이 바로 '나 왕'에서 '주 왕'으로의 변화입니다. 내가 삶의 주인과 왕, 하나님인 '나 왕'으로 살았다가 예수님이 나의 삶의 주인과 왕, 하나님, '주 왕'으로의 변화는 정말 하나님의 은혜입니다. 성령의 역사가 아니면 변하지 않습니다.

'나 왕'이란 죄의 뿌리로부터 교만, 반역, 기준이란 죄의 기둥이 나와요. 나무의 기둥과 연결된 가지처럼, 무신론, 과학주의, 다원주의, 인본주의, 상대주의, 쾌락주의 등 하나님을 반대하는 다양한 사상이 나와요. 그리고 이러한 사상으로부터 자신만의 교육관, 인생관, 결혼관, 국가관, 경제관이 나옵니다. 또 이러한 가치관으로부터 자신만의 행동과 라이프스타일 삶의 방식이 나오지요. 이 모든 것들은 '네가 하나님이야'(창 3:5), '나 왕'이란 생각으로부터 출발해요.

따라서 예수님을 믿는다는 것은 이러한 하나님 나라를 반대하는 삶의 체계를 그대로 둔 채, 교회만 다니는 것이 아닙니다. 신앙생활은 하나님 나라를 반대하는 삶의 체계에서 하나님 나라의 통치를 받고 나타내는 삶의 체계로 개혁되는 것인데요. 그 변화의 출발이 '나 왕'에서 '주 왕'으로 생각의 변화입니다. 그래서 신앙생활은 나의 삶의 주인과 왕을 예수님으로 바꾸고, 세상 나라 방식을 버리고 하나님 나라 방식으로 살아가는 것입니다.

뿌리가 '나 왕'에서 '주 왕'으로 변화할 때, 인생의 모든 관점과 생각, 사상, 가치관이 변하기 시작해요. 방금 전에 살펴봤던 하나님 나라를 반대하는 삶의 체계가 완전히 복되게 뒤집히는 일이 일어나요. 그래서 나의 삶의 주인과 왕이신 예수님 안에서 하지 않았던 생각을 하게 됩니다. 하지 말아야 할 생각은 하지 않게 되고 반드시 해야 할 복된 생각은 하게 됩니다. 이러한 생각의 변화는 나 자신, 가정, 결혼, 공부, 일터, 경제 등 세상의 모든 것들을 바라보는 관점과 생각에 변화를 줍니다.

- **고린도전서 12:3 - 언어의 변화: 예수님을 (주)로 고백한다.**

바울은 고린도 교회에 편지를 쓰면서, 자신이 예수님을 만나기 전에는 예수님을 저주받을 자라고 했지만 이제는 성령에 힘입어 예수 그리스도는 주님이시라고 고백한다고 말해요.

구원받은 자의 삶의 증거는 언어의 변화로 타나납니다. 인간은 자기 자신이 삶의 주인과 왕이고 하나님이므로 "예수님은 나의 주님이십니다. 주여!"라고 고백하는 것을 가장 어려워합니다. 구원받지 않는 사람에게는 내적 충돌이 있기에 그렇게 고백할 수 없어요. 오직 구원받은 하나님 나라 백성은 이제 예수님을 나의 삶의 주인과 왕으로 영접하고 고백합니다.

그리고 이러한 언어의 변화는 예수님을 주님으로 고백하는 것으로 끝나지 않아요. 주님께서 우리의 언어를 통치하셔서 말씀을 통해 복된 언어로 회복시켜 주십니다. 가정에서 부부와 부모 사이에 말 한마디만 변해도 하나님 나라가 이루어질 것입니다. 일터와 학교, 모든 삶에서 나 자신을 향해 복된 언어로 축복하는 언어의 변화가 일어납니다.

- **갈라디아서 5:22-23 - 인격의 변화: (성품과 인격)이 달라진다.**

갈라디아서 5장 22-23절을 보면 성령의 아홉 가지 열매가 나옵니다. 사랑, 희락, 화평, 오래 참음, 자비, 양선, 충성, 온유, 절제입니다. 이것은 예수님의 성품과 인격인데요. 구원받은 자의 삶의 증거로서, 성품과 인격이 예수님을 닮아 가는 거예요. 물론 처음부터 한번에 변화되지 않지만, 성령의 도움으로 점차적으로 변화됩니다. 사랑받지 못하고 사랑할 수 없었던 사람이 예수님 안에서 사랑을 받을 줄 알고 사랑할 수 있는 사람으로 변화됩니다. 기뻐할 수 없었던 사람이 예수님 안에서 변하지 않는 기쁨을 누리는 희락의 사람으로 변화됩니다. 무엇인가에 빠지면 헤어나오지 못했던 무절제의 사람이 예수님 안에서 삶의 질서가 잡히고 절제의 사람으로 변화됩니다. 우리의 성품과 인격이 예수님을 닮아 갑니다.

구원을 확신하는 삶에서의 증거(삶의 변화)를 살펴봤는데요. 나 자신을 볼 때, 세 가지 변화 중에서 가장 많은 변화를 누리게 된 것이 무엇인가요?

---

3. 그럼 난?

구원의 확신이 왜 중요할까요?

신앙생활의 (기초)와 (기본)이기 때문입니다. 새로운 건물을 세울 때 기초가 되는 바닥공사를 튼튼하게 해야 하는 것처럼, 구원의 확신은 튼튼하고 흔들리지 않는 신앙생활의 기초가 됩니다.

바닥이 흔들리면 그 위에 아무것도 세울 수 없는 것처럼, 구원의 확신이 흔들리면 그 위에 아무것도 세울 수 없어요. 이 모든 것이 나의 완벽한 확신이 아니라 오직 그리스도 안에서 이루어지는 것이기 때문에, 때로 믿음이 연약해져도 다시 약속의 말씀을 의지하고 성령을 통해 내적인 증거를 경험하고 다시 삶의 변화로 나아갈 수 있어요. 마지막으로 오늘 구원의 확신에 대해 나누면서 감사한 점을 나누어 봅니다.

암송 요한복음 5:24

포인트 필사

신앙생활은 하나님 나라를 반대하는 삶의 체계에서 하나님 나라의 통치를 받는 삶의 체계로 개혁되는 것인데요. 그 변화의 출발이 '나 왕'에서 '즉 왕'으로 생각을 바꾸는 것입니다. 그래서 신앙생활은 나의 삶의 주인과 왕을 나에서 예수님으로 바꾸고, 세상 나라 방식을 버리고 하나님 나라 방식으로 살아가는 것입니다.

포인트 필사 / 따라 쓰기

2
내가 다시 태어났다고요?

1. 마음 열기

새로운 건물을 세울 때 바닥의 기초가 튼튼해야 하는 것처럼, 지난주에 봤던 구원의 확신과 오늘 보는 거듭남은 신앙생활의 중요한 기초이며, 두 가지 모두 예수 그리스도 안에서 이루어집니다.

내가 완벽하게 변화되어 하나님의 자녀가 된 걸까요? 아니면, 하나님의 자녀로 다시 태어났기 때문에 하나님 나라의 통치를 따라 변화되어 가는 걸까요?

맞습니다. 하나님의 자녀로 다시 태어났기 때문에 변화되어 가는 거예요. 변화 이전에, 거듭남이 먼저예요. 신앙생활의 기초는 거듭남입니다. 거듭남이 없는 변화는 단지 윤리 도덕적으로 착하게 사는 것으로 끝날 수 있어요.

"그는 허물과 죄로 (죽었던) 너희를 살리셨도다"(엡 2:1).

그리스도를 영접하기 전에 우리는 영적으로 죽어 있었다는 거예요. 그래서 예수 그리스도의 새 생명을 통해 하나님의 자녀로 다시 태어나는 거듭남이 필요합니다. 또 거듭나지 않으면 (하나님 나라)를 볼 수 없고(요 3:3), 물과 성령으로 다시 태어나지 않으면 (하나님 나라)에 들어갈 수 없습니다(요 3:5). 그럼, 거듭날 때 어떤 변화가 일어날까요?

2. 말씀 속으로

🌱 놀라운 변화의 시작!

거듭날 때 우리 안에 놀라운 변화가 일어납니다. 놀라운 변화의 (완성)이 아니라, 놀라운 변화의 시작이며 (출발)이에요.

마라톤 선수가 출발선에서 출발해야 결승선까지 달려가는 것처럼, 거듭남은 본격적인 신앙생활의 시작이며 놀라운 변화의 출발이에요. 때로는 연약하고 넘어지지만, 오직 그리스도 안에서 새로운 피조물(고후 5:17)이 되었기 때문에 절대로 출발선으로 돌아가지는 않아요. 기어가든지 뛰어가든지 결승선이자 종착점인 주님 앞에 서는 그날까지 전진하게 됩니다.

첫 번째 놀라운 변화의 시작은 호적의 변화예요.

(1) 호적의 변화: (죄의 종)에서 (의의 종)으로
- 요한복음 8:34 - 죄를 범하는 자마다 죄의 (종)이라

    거듭나기 전에는 사탄에게 속한 죄의 노예, 종이었어요. 종은 자유가 없고, 자신이 속한 주인에게서 벗어날 수 없어요. 이렇게 우리는 죄가 무엇인지도 모르고 죄의 종으로 죄를 범하며 살았어요.
- 로마서 6:18 - 죄로부터 (해방)되어 의에게 종이 되었느니라

    우리는 죄의 종으로서 죄에 속하여 벗어날 수 없었는데 예수님께서 죽으시고 부활하심으로 우리를 죄의 종에서 해방되게 하셨어

요. 그래서 이제는 거듭남으로 죄에서 해방되어 의로움의 주인 되신 예수님께 속한 노예, 종이 되었습니다.

　중요한 것은, 어떤 연약함과 죄악이 있어도, 또 어떤 상황에서도 예수님께 속한 종이라는 사실이에요. 우리의 모든 삶이 예수님께 속해 있어요. 예수님을 믿음으로 의롭게 되었고 날마다 의로움의 주인 되신 예수님께 우리 자신을 종으로 내주어 순종함으로 거룩함의 열매를 맺게 되었습니다.

두 번째 놀라운 변화의 시작은 신분의 변화예요.

(2) 신분의 변화: (죄인)에서 (하나님의 자녀)로

- **로마서 5:8 – 우리가 아직 (죄인)되었을 때에**
  　그리스도께서 우리를 위해 죽으심으로 하나님께서 우리를 얼마나 사랑하시는지 확실히 증명하여 보여 주셨습니다. 거듭나기 전 우리의 신분이 죄인이었을 때 예수님의 죽으심과 부활을 통해 '자, 이것 봐라. 내가 너희를 이만큼 사랑한단다'는 것을 보여 주셨어요.

- **요한일서 3:2 – 사랑하는 자들아 우리가 지금은 (하나님의 자녀)라**
  　거듭남으로 지금 우리의 신분은 하나님의 자녀가 되었어요. 이제 하나님의 자녀에게는 소망이 있는데, 예수님께서 나타나실 때(재림하실 때) 우리도 그와 같이 된다는 것입니다. 우리가 거듭났지만 하나님의 자녀답게 살지 못할 때가 있어요. 그러나 우리가 거듭남으로 죄인에서 하나님 자녀로 놀라운 변화가 시작되었기 때문에, 재림 때에 우리도 주님과 같은 영광스러운 부활의 몸으로 변화될 것을 성경은 약속하고 있어요.

세 번째 놀라운 변화의 시작은 인도하심의 변화입니다.

(3) 인도의 변화: (사탄의 인도)를 따르는 삶에서 (성령의 인도하심)을 따르는 삶으로

- 에베소서 2:2 - 공중의 (권세) 잡은 자를 따랐으니

    우리가 거듭나기 전에 사탄의 인도를 따라 살았다고 하면 기분이 좋지 않을 수도 있어요. 그런데 에베소서 2장 2절을 보면, 우리가 거듭나기 전에 세상 풍조 방식을 따르고 공중의 권세 잡은 자를 따랐다고 나옵니다. 공중의 권세 잡은 자는, 예수님께서 죽으시고 부활하심으로 승리하셨지만 패배를 인정하지 않고 세상에 자신의 왕국을 만들려는 사탄을 말합니다. 사탄은 불순종하는 자식들 가운데서 작용하는 영으로서, 거듭나기 전에 사탄의 인도를 따르는 삶은 불순종으로 나타났습니다.

- 갈라디아서 5:18 - 너희가 만일 (성령)의 인도하시는 바가 되면 율법 아래 있지 아니하리라

    거듭남으로 우리는 성령의 인도하심을 따라 살게 되었어요. 불순종이 아니라 순종할 수 있게 되었고, 성령의 인도하심을 따라 성령의 열매를 맺고 살게 되었어요. 나의 힘과 공로로 이루어 가는 율법 아래에 있지 않고, 오직 성령의 인도하심을 따라 오직 예수님의 은혜 안에서 이루어 가는 삶이 되었어요. 때로는 '나 왕'으로 육체의 열매를 맺으며 살고 싶을 때도 있어요(갈 5:19-21). 그러나 사탄의 인도를 따르는 삶에서 성령의 인도하심을 따르는 놀라운 변화가 시작되었기 때문에, 다시 순종하며 살아가게 됩니다.

이 모든 것이 거듭남으로 이루어지는 놀라운 변화입니다. 세 가지 놀라운 변화 중에서 가장 감사한 것은 무엇인가요?

---

3. 그럼 난?

거듭남으로 우리 안에 놀라운 변화가 시작되었습니다. 혹시 이러한 놀라운 변화의 시작을 의심하게 하는 것이 있나요? 잊지 마세요. 거듭남은 놀라운 변화의 시작입니다. 때로는 넘어질 때도 있고 의심할 때도 있을 수 있어요. 그러나 이미 우리는 그리스도 안에서 거듭남으로 하나님 나라가 시작되었고, 하나님 나라의 통치 안에 살고 있습니다. 이 사실을 감사하면서, 요한복음 3장 3절과 5절을 함께 읽고 마치겠습니다.

암송 요한복음 3:3, 5

포인트 필사

"예수께서 대답하여 이르시되 진실로 진실로 네게 이르노니 사람이 거듭나지 아니하면 하나님의 나라를 볼 수 없느니라"(요 3:3).

"예수께서 대답하시되 진실로 진실로 네게 이르노니 사람이 물과 성령으로 나지 아니하면 하나님의 나라에 들어갈 수 없느니라"(요 3:5).

포인트 필사 / 따라 쓰기

3 성경

1. 마음 열기

'성경' 하면 무엇이 떠오르나요?

왕은 법을 통해 나라를 다스리고 백성이 그 법에 순종할 때 왕의 주권과 통치가 이루어집니다. 하나님께서 이스라엘 백성들에게 모세를 통해 율법을 주시고 백성들이 순종할 때 하나님의 주권(주인 되심)과 통치가 이루어졌어요.

오늘 우리에게는 하나님 나라의 법으로서 성경을 주셨어요. 우리가 말씀에 순종할 때 하나님의 주권과 통치가 이루어집니다. **말씀에 순종하여 하나님의 주권과 통치가 이루어지는 곳, 그곳이 바로 하나님 나라이며, 하나님 나라를 누리는 것이 하나님 자녀의 참된 복이랍니다.**

"높은 산이 거친 들이 초막이나 궁궐이나
내 주 예수 모신 곳이 그 어디나 하늘나라" (새찬송가 438장)

이 찬송가 가사에서 "그 어디나 하늘나라"는 어떤 의미일까요? 나의 삶이 높은 산, 거친 들, 초막이나 궁궐이나 어떤 현실이든지, 내 주 예수를 모시고 말씀에 순종하여 하나님의 주권과 통치가 이루어지는 곳, 그곳이 바로 하나님 나라이며, 하나님 나라를 누리는 것이 하나님 자녀의 참된 복이랍니다. 오늘은 성경에 대해 살펴봅시다.

2. 말씀 속으로

(1) 성경의 기원

기원이란, 사물이 만들어진 본바탕을 말합니다. 성경은 1,600년간 40명의 기자들에 의해서 66권(3×9=27, 구약 39권, 신약 27권)으로 기록된 책으로서 신앙생활의 기준입니다.

그럼, 성경과 일반 책의 다른 점은 무엇일까요? 만들어진 본바탕이 달라요. 성경은 하나님의 감동으로, 하나님의 감동을 입은 사람들이 쓴 책이에요.

- 믿음의 책 - 디모데후서 3:16 "모든 성경은 (하나님의 감동)으로 된 것으로"

  성령의 감동으로 만들어졌기 때문에 성경은 일반 책과는 다릅니다. 일반 책은 저자가 사람이지만 성경의 원저자는 성령 하나님이세요. 일반 책을 읽어도 유익이 있습니다. 그러나 성경을 읽으면 예수님을 믿음으로 구원받고 하나님의 자녀가 됩니다. 교훈(기준 제시), 책망(회개, '나 왕'에서 '주 왕'으로), 바르게 함(하나님 나라 방식으로 수정), 의로 교육(순종의 훈련)하기에 성경은 유익해요.

  그래서 성경은 믿음의 책이에요. 믿음으로 대하고 믿음으로 읽어야 하는 책입니다. 지식이 많은 박사님이 성경을 분석하고 정밀조사 하는 것도 유익이 있을 거예요. 하지만 잘못하면 성경을 분석만 하고 예수님을 믿지 못할 수도 있어요. 성경은 성령의 감동으로 만들어졌기 때문에 믿음으로 대해야 하는 믿음의 책이기 때문이에요.
- **이해의 책 – 베드로후서 1:21** "예언은 언제든지 사람의 뜻으로 낸 것이 아니요 오직 성령의 (감동하심)을 받은 사람들이 하나님께 받아 말한 것임이라"

성경에는 인간 저자가 있습니다. 마태는 마태복음을, 마가는 마가복음을, 누가는 누가복음을 썼습니다. 그런데 마태가 마태복음을 기록하기 싫은데 성령께서 억지로 마태에게 기록하게 한 것이 아닙니다. 성령 하나님은 모든 인간 저자들이 사는 그 시대의 언어, 문화, 환경, 전인격을 조화롭게 사용하셔서 성경의 각 권을 기록하게 하셨습니다. 그래서 성경은 믿음의 책인 동시에, 이해의 책입니다.

하나님의 영인 성령의 감동을 받은 저자들이 기록했기 때문에, 성경 각 권마다 왜 기록했는지, 누구를 대상으로 기록했는지, 말하고자 하는 핵심은 무엇인지 등을 이해하며 읽어야 해요. 말씀 묵상을 믿음으로만 하면, 아침에 일어나 오늘의 운세를 보는 것처럼 성경의 아무 데를 펼쳐서 눈에 들어오는 말씀이 '오늘 주신 말씀이다'라는 식으로 읽게 됩니다. 이것은 성경이 이해의 책이라는 것을 무시하는 경우입니다.

따라서 균형이 필요합니다. 성경을 믿고 다시 이해하고, 또다시 성경을 믿음으로 그리고 이해하며 읽어야 합니다. 성경이 믿음의 책이며 이해의 책임을 잊지 말아야 해요.

정리하면, 성경은 하나님의 영인 성령의 감동을 받은 사람들이 기록한 책입니다. 성경이 '믿음의 책'이며 '이해의 책'이라고 할 때 어떤 마음이 드나요? 혹시 한쪽으로 치우쳐 성경을 대한 적은 없나요?

(2) 성경의 중심 주제

모든 책은 질서 없이 기록되지 않고 하나의 주제로 기록됩니다. 성경도 마찬가지예요. 신구약 성경은 오직 예수 그리스도에게 초점을 맞추고 있습니다. 구약은 죽으시고 부활하심으로 우리를 구원하시고 하나님 나라를 이루기 위해 (오실 예수 그리스도)에 대해, 신약은 죽으시고 부활하심으로 우리를 구원하시고 하나님 나라를 이루기 위해 (오신 예수 그리스도)에 대해 이야기하고 있어요.

- 누가복음 24:27 "이에 모세와 (모든 선지자의 글로) 시작하여"
  모든 성경에 자기에 관하여 써 놓은 일을 그들에게 설명하여 주셨어요. 예수님께서 부활하신 후에 낙심한 엠마오 두 제자에게 나타나서 성경의 모든 내용이 예수님 자신에 대해 기록한 것임을 말씀하셨어요.
- 요한복음 5:39 "너희가 성경에서 (영생)을 얻는 줄 생각하고"
  성경을 연구할 때, 성경이 곧 예수님에 대하여 증언하는 것임을 잊지 말라고 하십니다. 성경을 연구하는 제자들이 주제를 놓치면 안 되기 때문에, 예수님은 성경의 주제는 '나야, 나!'라고 말씀하셨어요.
- 로마서 10:17 "믿음은 들음에서 나며 들음은 그리스도의 (말씀)으로 말미암았느니라"
  우리의 구원에 대해서, 성부 하나님은 구원을 계획하시고, 성령 하나님은 각 사람에게 적용하여 믿어지게 하시며, 또 성자 하나님 예수 그리스도는 이 땅에 오셔서 구원을 이루십니다. 따라서 성경의 중심 주제는 예수님이에요. 구원받는 믿음은 다른 내용의 말씀도 많이 있지만, 예수 그리스도에 대한 말씀 즉 예수님께서 행하신 일들이 오늘 나와 어떤 관계가 있는지를 많이 들어야 해요. 또 듣고 구원받았다면 다른 사람에게 전해야 합니다.

이렇게 성경의 중심 주제는 예수 그리스도입니다. **이단에서 성경을 이상하게 해석해서 이단 교주를 신격화하는 모습을 볼 때 어떤 마음이 드나요?** 예수님은 "그리스도가 여기 있다 혹은 저기 있다 하여도 믿지 말라 거짓 그리스도들과 거짓 선지자들이 일어나 큰 표적과 기사를 보여 할 수만 있으면 택하신 자들도 미혹하리라"(마 24:23-24)라고 경고하셨어요.

이단이란 '처음은 비슷하고 같은데 끝은 다르다'는 의미예요. 항상 주의하여 성경의 중심 주제를 놓치면 안 되겠습니다.

(3) 성경의 유익

영원한 베스트셀러인 성경은 우리에게 많은 유익을 줍니다.

- **베드로전서 1:23 - 성경은 우리를 (거듭)나게 한다.**

  우리가 하나님의 자녀로 다시 태어난 것은 생명력이 없는 썩어질 씨로 된 것이 아니라, 생명력이 있는 씨, 항상 살아 있는 하나님의 말씀으로 된 것입니다. 성경의 가장 큰 유익은 거듭남이에요. 세상의 그 어떤 책도 할 수 없는, 죄인이 하나님 자녀로 다시 태어나게 하는 능력이 성경에 있어요.

- **시편 119:105 - 성경은 우리의 삶을 (인도해) 준다.**

  "주의 말씀은 내 발에 등이요 내 길에 빛이니이다." 성경은 우리의 인생에 등불처럼 빛처럼 언제나 의의 길로, 복된 길로 인도해 줍니다.

- **에베소서 4:15 - 성경은 우리를 (예수 그리스도)에게까지 (자라나게) 한다.**

  신앙생활의 목표는 다른 누구도 아닌 예수 그리스도예요. 성경은 이 사실을 우리에게 끊임없이 제시합니다. 그래서 은혜 안에서 예수 그리스도에게까지, 예수 그리스도를 향해 끊임없이 자라나게 합니다.

성경의 유익을 살펴봤어요. 세 가지 유익 중에 어떤 유익을 가장 많이 누리고 있고, 어떤 유익을 더욱더 누리길 원하나요?

----

3. 그럼 난?

　변함없고 절대적인 진리인 성경은, 말씀, 언약(약속), 법, 증거, 법도, 율례, 계명, 율법, 길, 강령, 규례 등 다양한 표현으로 성경에 나타납니다. 성경에 기록된 모든 말씀은 하나님 나라의 헌법이며 정책입니다. 그래서 내 주 예수를 모시고 말씀에 순종하여 하나님의 주권과 통치가 이루어지는 곳, 그곳이 바로 하나님 나라이며, 하나님 나라를 누리는 것이 하나님 자녀의 참된 복이랍니다. 성경을 읽고 듣고 묵상하며 이 복을 누리길 소망해요.
　함께 시편 119편 103절을 읽습니다.

"주의 말씀의 맛이 내게 어찌 그리 단지요 내 입에 꿀 보다 더 다니이다."

암송 디모데후서 3:16

포인트 필사

말씀에 순종하여 하나님의 주권과 통치가 이루어지는 곳, 그곳이 바로 하나님 나라이며, 하나님 나라를 누리는 것이 하나님 자녀의 참된 복이랍니다. 성경은 교훈(기준 제시), 책망(회개, '나 왕'에서 '주 왕'으로), 바르게 함(하나님 나라의 방식으로 수정), 의로 교육(순종의 훈련) 하기에 유익해요. 나도 순종하길 원해요!

포인트 필사 / 따라 쓰기

새생명반

4
기도

1. 마음 열기

어렸을 때, 부모님에게 무엇인가를 졸라서 얻었던 경험이 있나요? 얻었을 때, 부모님이 나에게 내가 구한 것을 주신 이유는 무엇일까요? 맞아요. 사랑 때문입니다. 기도는, 사랑의 관계 안에서 이루어지는 사랑의 소통입니다. 하나님 아버지와 자녀라는, 사랑의 관계 안에서 이루어지는 사랑의 소통이에요. 모든 사람은 나름대로 기도를 해요. 그러나 엄밀하게 말하면, 기도는 예수님을 믿음으로 구원받고 거듭난 하나님의 자녀와 하나님 아버지와의 관계에서만 이루어집니다. 오늘은 기도에 대해 살펴봅니다.

2. 말씀 속으로

(1) 기도해야 하는 이유

- 예레미야 33:3 - 하나님은 우리에게 (응답)하시는 분이기 때문이다.
"너는 내게 부르짖으라 내가 네게 응답하겠고." 응답하지 않을 거라면 하나님께서 왜 기도하라고 하실까요? 감사하게도, 하나님은 응답하시는 분이에요. 다만 모두 "YES"라고 하지 않으십니다. 응답에는 우리가 구하는 대로 응답하시는 '그래(YES)!', '반대로 거절하시는 'NO!(안 돼)', 그리고 성숙함을 위한 시간을 갖게 하는 '기다려!(WAIT)'가 있어요.

초등학생 자녀가 총을 사 달라고 한다면, "NO, 안 돼!" 하는 것이 사랑이죠. 초등학생이 승용차를 사달라고 하면 "WAIT, 기다려!"라고 하는 것이 사랑입니다. 세 가지 응답 중에 어떤 응답을 많이 하실까요? "YES" 응답입니다. 그리고 우리의 믿음이 성장할수록, 때로는 "NO"와 "WAIT" 응답을 하십니다. 이 모든 것은 하나님의 사랑 안에서 이루어진다는 것을 잊지 말아야 해요.

- **마태복음 7:7-8 - 기도는 주님의 사랑이 담긴 (명령)이기 때문이다.**

"구하라 찾으라 문을 두드리라." 문법적으로 어떤 특징이 있는 말씀일까요? 바로 명령어입니다. 기도에 대한 말씀은 '기도해 줄래', '기도 좀 해주라'가 아니라, 명령입니다. '부르짖으라', '깨어 기도하라!' 그러므로 기도는 우리가 해도 되고 하지 않아도 되는 선택의 문제가 아닙니다. 기도는 주님의 사랑이 담긴 명령이며, 우리는 명령에 순종해야 해요.

예수님은 '나 왕'의 욕심을 갖고 사는 우리가 기도를 힘들어한다는 것을 잘 아세요. 그래서 기도가 잘 되면 하고 안 되면 안 하고가 아니라, 일단은 '구하라, 찾으라, 두드리라' 하고 사랑으로 명령하셨어요.

- **마태복음 6:9-10 - 기도를 통해 하나님 (나라)와 하나님의 (뜻)이 이 (땅)에 이루어지기 때문이다.**

주기도문은 주님이 가르쳐 주신 대표적인 기도예요. 주기도문을 할 때, 하나님 아버지의 이름이 거룩히 여김을 받으시길, 그리고 하나님 나라와 하나님의 뜻이 하늘에서 이루어진 것같이 땅에도 이루어지길 기도하며 시작합니다. 하나님께서 이스라엘 백성들에게는 가나안 땅에서 순종하여 하나님 나라를 이루어 가도록 기도하라고 하셨어요. 그리고 오늘 우리에게는 우리를 부르신 땅(가정, 일터, 학교, 교회, 온 세상의 모든 영역)에서 순종하여 하나님 나라를 이루어 가도록 기도하라고 하십니다. 그래서 우리는 기도해야 합니다.

(2) 응답 받는 기도의 자세

- **자녀로서 믿음의 (담대함)으로 구하라**(눅 11:5-8)

예수님께서 이야기를 통해 기도에 대해 말씀하셨어요.

"모두가 잠든 밤에, 어떤 사람이 친구 집에 찾아가서 문을 두드린다. '친구! 빵 세 덩이만 꾸어 주게. 내 친구가 여행 중에 내게 왔는데 그에게 내놓을 것이 없어서 그러네.' 그러자 그 친구가 '다 잠든 시간인데, 무슨 부탁이냐'라고 하면서 부탁을 거절했으나 계속 졸랐어. 그 사람이 친구라는 이유로 부탁을 들어주지 않을 수 있어도 그 간청함 때문에 일어나서 요구대로 주었다. 너희도 이렇게 기도하라"라고 하였습니다.

여기서 8절에 나오는 '간청함 때문에, 간청하는 기도'가 자녀로서 믿음의 담대함으로 구하는 것을 보여 줍니다. **그렇다면 간청함이란 무엇일까요?** '창피함을 무릎쓰고, 뻔뻔하게, 끝까지'라는 의미인데요. 밤중이지만 빵 세 덩이가 필요한 어떤 사람은, 누가 "시끄러워!" 해도 창피함을 무릎쓰고, 자기가 맡겨 놓은 빵을 달라고 하는 것처럼 뻔뻔하게, 그리고 친구가 빵을 줄 때까지 끝까지 구하고 찾고 두드립니다. 이처럼, 자녀로서 믿음의 담대함으로 구하고 찾고 두드려야 합니다. 창피해 하거나 다른 사람의 눈치를 보는 것이 아니라 오직 하나님 아버지와 자녀 된 사랑의 관계에서 믿음으로 구해야 합니다.

- **기도하라**(막 1:35)

응답받는 기도의 자세 두 번째는 말 그대로 '기도하라!'입니다. 마가복음 1장 35절을 보면, 예수님께서 기도에 대한 의지를 가지고 실천하는 것을 알 수 있어요. "새벽 아직도 밝기 전에 일어나"셨습니다. 기도하려면 먼저 일어나야 하죠. "일어나 나가." 일어난 후에 '추워, 피곤해'가 아니라 기도하기 위해 나가셨어요. "한적한 곳으로 가사" 나가서 엉뚱한 곳이 아니라 늘 기도하셨던 기도 처소로 가셨어요. "거기서 기도하시더니." 기도 처소로 가서 다른 생각을 하는 것이 아니라 거기서 기도하셨어요.

이런 예수님의 모습을 볼 때, **기도는 이론과 지식이 아니라 (실천)입니다.** 물론, 기도에 대한 좋은 책, 강의, 설교도 유익이 됩니다. 그러나 기도는 단순한 이론과 지식에서 끝나서는 안 되고 반드시 실천해야 합니다. 성자 하나님이신 예수님도 실천 의지를 가지고 기도하셨습니다. 오늘 우리도 주님을 본받아 의지를 가지고 실천해야 합니다. 기도가 안 된다고 계속 안 하면 더 안 될 거예요. 기도는 공짜가 없어요. 기도는 하다 보면 됩니다. 누군가 저에게 "기도가 잘 안 돼요. 어떻게 해야 하나요?"라고 하면 "저도 안 돼요. 그러나 그냥 하다 보면 또 됩니다"라고 늘 대답합니다.

- **낙심하지 말고 기다리라**(눅 18:1-8)

예수님께서 제자들에게 항상 기도하고 낙심하지 말아야 할 것을 비유를 통해 말씀하셨어요.

"어떤 도시에 하나님을 두려워하지 않고 사람을 무시하는 불의한 재판장이 있는데, 과부가 찾아와서 원한을 풀어 달라고 호소했다. 재판장은 '내가 하나님을 두려워하지 않고 사람을 무시하나 이 과부가 나를 귀찮게 하니, 그냥 두면 자꾸만 나를 찾아와서 못 견디게 할 것이다' 하고 생각하여 과부의 청을 들어주었다. 불의한 재판장도 번거롭게 하는 과부의 원한을 풀어줬는데, 하물며 하나님께서 밤낮 부르짖는 자들, 택하신 자녀들의 원한을 풀어주지 않겠느냐? 오래 참으시겠느냐?"

예수님께서 말씀하신 대로, 우리도 기도한 후에 낙심하지 말고 기다려야 합니다. 도깨비방망이처럼 '금 나와라! 뚝딱!'이 아닙니다. 오히려 인내의 시간 속에서 하나님은 사랑으로 우리를 빚어가시고 아름답게 세워 가십니다. 기도하고 살고 기다리고, 또 기도하고 살고 기다리고…. 반드시 응답해 주십니다.

8절에서 예수님은, "인자가 올 때(재림의 날)에, 세상에서 믿음을 보겠느냐"라고 하셨습니다. 즉, 끝까지 인내하며 믿음을 지킨 자들을 보겠다고 하십니다. 인내는 기도에만 해당되는 것이 아닙니다. 신앙생활 자체가 인내예요. 인내 없이는 끝까지 예수님을 따를 수 없어요. 그렇기에 응답받는 기도의 자세뿐만 아니라 복된 신앙생활을 위해서라도 항상 기도하고 낙심하지 말아야 합니다. 기도하고 살고 기다리고, 또 기도하고 살고 기다려야 합니다. 하나님의 때에 기도가 응답되도록 기다려야 합니다.

지금까지 응답받는 기도의 자세에 대해 나누었는데, 가장 소망이 되는 내용은 무엇인가요?

----

(3) 기도의 방해 요소

- **시편 66:18 – (죄악)은 기도를 방해한다.**

다윗은 "내가 나의 마음에 죄악을 품었더라면 주께서 듣지 아니하시리라"라고 합니다. 죄가 먼지처럼 어쩔 수 없이 묻는 것과 죄악을 품는 것은 달라요.

> 새가 머리 위로 날아가는 것은 막을 수 없지만, 머리에 둥지를 트는 것은 막을 수 있다 – 마르틴 루터, 종교개혁가

죄의 유혹은 먼지처럼 끊임없이 우리에게 다가옵니다. 마치 새가 머리 위로 날아가는 것을 막을 수 없는 것처럼, 눈에 보이고 귀에 들리는 것을 통해 원하지 않아도 어쩔 수 없이 죄의 유혹이 다가옵니다. 그러나 새가 머리에 둥지를 트는 것처럼 죄악을 품는 것은 막아야 합니다. 그렇지 않으면 하나님과 자녀의 사랑의 관계인 기도에 방해를 받아요. 그래서 우리에게 회개 기도가 항상 필요합니다. 알고 지은 죄 그리고 모르고 지은 죄까지도 용서를 구하며 회개해야 기도가 막히지 않습니다. 예수님을 믿지 않는 사람들은 후회는 해도 회개는 하지 않아요. 회개는 거듭난 하나님 자녀의 특권입니다.

- **빌립보서 4:6-7 – (염려)는 기도를 방해한다.**

성경이 말하는, 염려와 걱정은 '숨통을 조여오다'라는 의미입니다. 걱정할 때마다 맹수가 목을 조여오는 것처럼 기도의 숨통이 끊어집니다. 그래서 **(염려)와 기도는 천적 관계입니다.** 기도는 염려를 잡아먹고, 염려는 기도를 잡아먹어요. 염려와 기도는 함께할 수 없어요. 기도만 있든지, 염려하고 걱정만 하든지 둘 중 하나입니다. 아무것도 염려하지 말고 감사함으로 기도할 때 하나님께서 우리의 이해와 환경을 초월하는 평강을 주십니다. 그래서 염려로 인해 흔들렸던 마음과 생각을 지켜 주시고 바른 선택과 판단을 하게 하십니다.

3. 그럼 난?

기도는 사랑의 관계 안에서 이루어지는 사랑의 소통입니다. 교회 역사를 보면 우리에게 도움을 주는 기도에 대한 고백들이 많이 있는데, 그중 몇 가지를 소개합니다.

기도는 신자의 유일한 무기이다. - 프랜스 톰슨
기도하지 않고 성공했다면 그것 때문에 망한다. - 찰스 스펄전
기도란 하나님과 가장 진실되고 친밀한 대화를 나누는 것이다. - 존 녹스
나는 오늘 해야 할 일이 너무 많기 때문에 기도하는 시간을 갖기 위해서 한 시간 더 일찍 일어난다. - 마르틴 루터

기도는 '영혼의 호흡'이라고 합니다. 중요한 것은 나의 고백인데요. 오늘 나눈 기도에 대한 내용을 통해 기도가 무엇인지 각자의 고백으로 표현하고 나누어 봅시다. 그리고 각자의 기도 제목을 나누고 함께 기도해요.

암송 누가복음 11:8, 18:1

포인트 필사

간청함이란? '창피함을 무릅쓰고, 뻔뻔하게, 끝까지'라는 의미인데요. 자녀로서 믿음의 담대함으로 기도하길 원해요. 또 복된 신앙생활을 위해 항상 기도하고 낙심하지 말아야 합니다. 기도하고, 살고, 기다리고, 또 기도하고, 살고, 기다려야 합니다. 하나님의 때에 기도가 응답되도록 기다려야 합니다.

포인트 필사 / 따라 쓰기

양육반
(하나님 나라로 뿌리내림)

1. 신분과 수준

2. 구원에 대한 새로운 이해

3. 구원받은 자의 책임(1): 거룩한 삶

4. 구원받은 자의 책임(2): 능력 있는 삶

5. 구원의 견고함

새가족반에서 하나님 나라로 초대되어, 예수님을 믿음으로 '나 왕'에서 '주 왕'으로 하나님 나라의 통치가 시작되었습니다. 새생명반에서 오직 예수 그리스도 안에서 하나님 나라 기초가 세워졌습니다. 구원의 확신과 거듭남(하나님 나라 백성), 성경(하나님 나라 주권을 인정하는 순종), 기도(이 땅에 하나님 나라와 그의 뜻이 이루어지게 하는)가 그 기초입니다. 새로운 건물의 기초 공사를 튼튼하게 하는 것과 같이 하나님 나라 기초를 세우는 내용을 나누었습니다.

이제, 양육반에서는 하나님 나라로 뿌리내림을 살펴보려고 합니다. 먼저, 다음의 그림을 보고 느낀 점을 나누어 봅시다.

....
....

하나님 나라로 뿌리내림은 '자라가라'입니다.

베드로후서 3장 18절을 함께 읽어 볼까요?

"오직 우리 주 곧 구주 예수 그리스도의 은혜와 그를 아는 지식에서 자라 가라 영광이 이제와 영원한 날까지 저에게 있을지어다."

베드로 사도는 박해와 핍박 속에 있는 초대교회 성도들을 위로하고 권면하기 위해 편지를 씁니다. 그 편지의 결론은, 예수 그리스도의 은혜와 저를 아는 지식에서 자라가라는 것입니다. 믿음이 자라갈 때, 고난을 이기게 됩니다. 어린 시절에는 학교 운동장이 커 보였는데 성인이 된 후에는 운동장이 작아 보이는 것처럼, 믿음이 자라나면 고난이 더 이상 고난으로 보이지 않게 됩니다.

이렇게 자라나기 위해서 예수 그리스도께서 이루신 구원에 대해 깊이 나누어 봅시다. 그래서 예수 그리스도께 뿌리를 내리고 자라가길 소망합니다. 우리의 모든 삶이, 하나님 나라로 뿌리내리길 바랍니다.

양육반

1
신분과 수준

1. 마음 열기

성도들이 신앙생활을 할 때 무엇을 힘들어할까요? 성도마다 다양한 어려움을 가지고 있어요. 그 모든 내용을 정리해 보면, 신분과 수준의 불일치입니다.

(신분)은 하나님의 자녀인데, 살아가는 (삶의 수준)은 (하나님의 자녀)답지 않습니다. 이러한 모습은 우리에게 부정적인 영향을 줍니다. "내가 살아가는 모습을 볼 때, 난 하나님의 자녀가 아니야. 이렇게 살아가는 나를 하나님은 사랑하지 않아!" 신분과 수준의 불일치는 우리를 (정죄감)에 빠지게 합니다.

사탄은 우리가 예수님 안에서 변함없는 하나님의 자녀라는 신분보다는, 항상 삶의 수준을 먼저 보게 해요. 그래서 "넌 또 죄 지었잖아. 그런데 무슨 하나님의 자녀야?" 정죄하면서 구원의 확신이 흔들리게 해요. 하나님 자녀로서 누려야 할 하나님의 사랑을 누리지 못하게 해요. 또 신분과 수준의 불일치는 우리를 (율법적인) 신앙생활에 빠지게 합니다. '더 착한 일, 기도, 봉사, 예배를 많이 드려서 하나님께 사랑받아야지'라고 생각하고 있나요?

방금 전에 본 것처럼, 정죄감에서 자유를 누리려면 어떻게 해야 할까요? 맞습니다. 그저 예수님만 바라보고 예배하면 됩니다. 예수님의 은혜 안에서 변함없는 하나님의 자녀로서 찬양하고, 죄가 있으면 회개하고 말씀으로 다시 일어나면 됩니다.

그런데 꼭 이럴 때 신분과 수준의 불일치는 예수님 안에서 변함없는 하나님의 사랑보다는 나의 의와 공로를 의지하는 율법적인 신앙생활에 빠지게 해요. 우리를 향한 하나님의 사랑은 예수님의 보혈의 공로 안에서 처음부터 마지막까지 백 퍼센트입니다. 그런데 하나님께서 이렇게 말씀한다고 가정해 봅시다. "널 향한 나의 사랑 100퍼센트 중에 이제 5퍼센트야. 주일예배를 안 빠지는구나. 20퍼센트만큼 사랑한다. 수요예배, 새벽기도 안 빠지는구나. 40퍼센트만큼 사랑해. 헌금 안 빼 먹는구나. 60퍼센트만큼 사랑해. 착한 일 하는구나. 80퍼센트만큼 사랑해. 순교하는구나. 100퍼센트만큼 사랑해."

하나님이 이런 분이라면, 우리는 하나님께 사랑을 받아 내기 위해 애쓰고 무엇인가를 행할 거예요. 그러나 마음에는 참된 하나님의 사랑을 누릴 수도 없고 정죄감에서 자유를 누릴 수도 없어요. 나보다 행함이 부족한 사람을 볼 때는 "난 당신보다 많이 행해서 하나님께 사랑받고 구원받을 수 있어"라는 마음으로 교만할 거예요. 반대로 나보다 행함이 많은 사람 앞에서는 비교의식과 열등감에 시달릴 겁니다. "하나님은 나보다 더 행한 저 사람을 더 사랑하시겠지? 난 멀었어." 또다시 정죄감에 빠지게 됩니다.

예수님 당시에 종교 지도자들이 율법적인 신앙생활에 빠져 예수님께 책망을 받기도 했어요. 잊지 마세요. 우리의 신분은 하나님의 자녀인데 삶이 수준이 하나님의 자녀답지 못할 때, 오직 예수님만 바라보며 예배하면 됩니다. 오직 예수님 안에서 (변함없는) 하나님의 자녀라는 신분을 먼저 바라보며 하나님께 나아갈 때, 하나님의 자녀답게 살 수 있는 (은혜)를 주십니다.

신분과 수준의 불일치 속에서 정죄감이나 율법적인 신앙생활에 빠진 적이 있는지 나누어 봅니다.

_____
_____

2. 말씀 속으로

🌱 신분과 수준 이야기(눅 15:11-24)

누가복음 15장 11-24절에 신분과 수준에 대한 이야기가 나와요. 먼저 읽어 볼까요? 유명한 탕자 이야기입니다.

한 아버지에게 두 아들이 있는데 둘째 아들이 미리 아버지의 재산을 받아서 먼 나라에 갑니다. 허랑방탕하여 재산을 탕진하고 돼지가 먹는 쥐엄 열매도 못 얻어먹는 신세가 됩니다. 그때야 비로소 깨닫고 아버지께로 돌아가요. 그런데 아버지는 둘째 아들을 안아 주고 잔치를 열어 줍니다.

(1) 아들이 생각하는 아들의 신분

본문에서 둘째 아들의 신분은 변함없는 아버지의 자녀인데도, 자기 삶의 수준을 보고 신분에 대해 생각합니다. 그 부분을 찾아서 적어 봅니다.

- (13-17)절: (허랑방탕)하여 그 재산을 낭비하더니 - 돼지가 먹는 쥐엄 열매도 못 얻어먹는 삶의 수준을 보고 자신의 신분을 (노숙자)로 생각한다.
- (18)절: 내가 하늘과 아버지께 (죄)를 지었사오니 - 죄를 지은 삶의 수준을 보고 자신의 신분을 (죄인)으로 생각한다.
- (19)절: (품꾼)의 하나로 보소서 - 아버지 앞에 부끄러운 자신의 삶의 수준을 보고 자신의 신분을 (종)으로 생각한다.

- (21)절: 지금부터는 아버지의 (아들)이라 일컬음을 감당하지 못하겠 나이다 – 아버지께 돌아가 아버지 품에 안겼는데도 여전히 눈치를 보는 삶의 수준을 보고, 자신의 신분을 (하자)가 많은 자녀로 생각한다.

우리에게도 이러한 모습이 많습니다. 하나님의 자녀답게 살지 못하는 삶의 수준을 보고, 하나님 자녀라는 신분에 대해 고민합니다. 둘째 아들의 모습을 보면서 나 자신과 비슷한 모습을 나누어 볼까요?

_____

_____

(2) 아버지가 생각하는 아들의 신분

그럼, 본문에서 둘째 아들을 향한 아버지의 마음과 아들의 신분에 대한 생각이 나타난 부분의 말씀을 찾아볼까요?
- 마음: (20)절 "아버지가 그를 보고 측은히 여겨"
  아버지는 둘째 아들을 변함없이 (긍휼히) 여기고 사랑하신다.
- 생각하는 신분: (22-24)절 "제일 좋은 (옷)을 내어다가 입히고 손에 (가락지)를 끼우고 발에 (신)을 신기라"
  오히려 아버지는 아들의 손에 가락지를 끼우고 잔치를 열어 준다.

"이 내 아들은 죽었다가 다시 살아났으며"(24절).

아버지가 둘째 아들에 대해 생각하는 신분은 "너는 변함없는 내 자녀야"예요. 결국, 아버지께 둘째 아들이 돌아가기 위해서 필요한 것은 삶의 수준일까요, 변함없는 자녀라는 신분일까요? 맞습니다. 변함없는 자녀의 신분입니다.

(3) 신분과 수준의 불일치

나 자신은 때때로 둘째 아들처럼, 나의 (삶의 수준)을 보고 정죄감에 빠져 좌절하고 율법적인 신앙생활에 빠져 애쓰려고 합니다.

그러나 하나님 아버지는 나의 삶의 수준이 아니라 예수님 안에서 변함없는 (하나님 자녀의 신분)을 보고 나를 사랑하여 주십니다. 그리고 하나님의 자녀답게 살 수 있는 (은혜)를 주십니다.

3. 그럼 난?

예수님의 은혜 안에서 "어쩌라고" 하는 뻔뻔한 모습이 필요해요. 각자 이렇게 고백해 봅시다.

"나의 삶의 수준은 (   ). 하지만 괜찮아. 난 하나님의 자녀야!"

올림픽 육상 종목에는 장애물 달리기가 있어요. 출발선에서 신호가 떨어지면 선수들은 장애물을 하나씩 넘으며 결승선까지 달립니다. 신앙생활도 비슷합니다. 우리도 하나님 자녀로 거듭나면서 신앙생활 레이스가 시작되었습니다. 하나님 나라의 통치를 경험하는, 놀라운 변화가 시작되었습니다.

그러면서 가장 먼저 넘어야 할 장애물은 (신분과 수준)의 불일치입니다. 이 문제를 넘어야 그다음으로 나아갈 수 있습니다. 결승선을 바라보며 장애물을 넘고 달리는 선수처럼, 오직 예수님만 바라보십시오! 우리 삶의 수준이 어떠하든지, 오직 예수님께 뿌리내리고 하나님 자녀라는 신분을 확신하며 달려가십시오!

신분과 수준에 대해 살펴보며 감사한 점을 나누고 마칩니다.

암송 누가복음 15:20, 24

포인트 필사

우리가 어떠한 죄악과 어떠한 상황에 있든지, 오직 예수님 안에서 변함없는 하나님의 자녀라는 신분을 먼저 바라보며 하나님께 나아갈 때, 하나님의 자녀답게 살 수 있는 은혜를 주십니다.

"이에 일어나서 아버지께로 돌아가니라 아직도 거리가 먼데 아버지가 그를 보고 측은히 여겨 달려가 목을 안고 입을 맞추니"(눅 15:20).

"이 내 아들은 죽었다가 다시 살아났으며 내가 잃었다가 다시 얻었노라 하니 그들이 즐거워하더라"(눅 15:24).

포인트 필사 / 따라 쓰기

> 양육반

2
구원에 대한 새로운 이해

1. 마음 열기

한 주 동안, 삶의 수준은 연약했지만 하나님의 자녀라는 신분을 생각하면서 힘을 얻었던 일이 있다면 나누어 봅시다. 다시 한번 우리를 하나님의 자녀로 사랑하시고 하나님의 자녀답게 살 수 있는 은혜를 주시는 하나님께 감사의 박수를 드릴까요?

오늘은 구원에 대한 새로운 이해인데요. 구원에 대한 이해가 삶을 결정합니다. 혹시 '이단에 빠진 사람들' 하면 어떤 생각이 나죠? 왜 이런 일이 일어날까요?

구원에 대한 왜곡된 이해 때문입니다. 구원에 대한 왜곡된 이해는 왜곡된 삶을 살게 합니다. 반대로 구원에 대한 균형 잡힌 이해는 균형 있는 삶을 살게 합니다. 그렇기 때문에 우리에게 구원에 대한 새로운 이해가 필요합니다.

2. 말씀 속으로

구원은 '건짐받는다'라는 의미예요. 인간 스스로 **빠져나올 수 없는** 모든 죄와 모든 심판으로부터 예수님을 믿음으로 건짐받는 거예요. 성경은 구원에 관해 과거형, 현재형, 미래형으로 그 풍성한 의미를 전하고 있어요.

(1) 과거형-이미 구원을 (받았다)

과거형이므로 예수님을 믿음으로 이미 구원을 받았음을 강조해요.
- 에베소서 2:4-5 "긍휼이 풍성하신…그 큰 사랑을 인하여 허물로 죽은 우리를 그리스도와 함께 (살리셨고)"
   과거형입니다. 예수님을 믿음으로 이미 살리셨다는 거예요.
- 에베소서 2:8 "믿음으로 말미암아 구원을 (받았으니)"
   과거형입니다. 예수님을 믿음으로 이미 구원을 받았다는 거예요.

구원의 과거형을 볼 때, 나의 모습이 신분에 맞는 삶의 수준이 없으면 구원을 받지 못한 걸까요? 예수님을 믿음으로 이미 구원을 받았다고 말씀에 나오기 때문에 '아니다'입니다.
그럼, 구원의 과거형에 대한 말씀은 우리에게 어떤 유익을 줄까요? 구원의 확신을 줍니다.

(2) 현재형-날마다 구원을 (받고 있다/받는다)

예수님을 믿음으로 이미 구원을 과거에 받았으니까 오늘을 어떻게 살든지 나는 천국에 간다라고 생각해서는 안 됩니다. 오히려 과거에 이미 구원을 받았다는 확신을 가지고 날마다 구원을 받고 거룩한 삶을 살아야 합니다.

- 빌립보서 2:12 바울이 복음을 전하다가 감옥에 갇혀 있는 상태에서 빌립보 교회에 편지를 씁니다. "내가 여러분과 함께 있을 때나 지금처럼 함께 없을 때나 이미 예수님을 믿음으로 구원받았다면 **현재의 삶에서 (항상) 하나님의 말씀에 복종하여 두렵고 떨림으로 여러분의 구원을 이루어 가십시오**"라는 겁니다.
- 베드로전서 2:2 갓난아기들이 생명이 있기 때문에 어미의 젖을 찾아서 먹고 자라나는 것처럼, 그리스도의 생명을 얻은 여러분은 신령하고 순전한 젖인 (하나님 말씀)을 찾아서 먹어야 합니다. 그래서 구원에 이르도록 자라나야 합니다. 현재의 삶에서 하나님의 말씀을 읽고 듣고 순종하며 구원에 이르도록 자라나야 한다는 거예요.
- 시편 68:19-20 우리를 모든 죄와 모든 심판에서 건지신 하나님은, 날마다 현재의 삶에서 겪는 인생의 짐에서도 (건지시는) 구원의 하나님이십니다. 그 하나님을 찬양합니다. 그렇기 때문에, 우리는 현재의 삶 가운데 스스로 빠져나올 수 없는 인생의 짐에서 건져 달라고, 구원해 달라고 기도해야 합니다.

그럼, 구원의 현재형에 대한 말씀은 우리에게 어떤 유익을 줄까요? 이미 과거에 구원을 받았으니 (방종)하는 삶이 아니라, 날마다 하나님의 주권에 순종하여 주님을 따르는 삶으로, 날마다 인생의 짐에서 구원을 (경험)하는 삶을 살게 합니다.

(3) 미래형-주님이 오실 때 완전한 구원을 (받을 것이다)

구원에 대한 과거형, 현재형만 있는 것이 아니라, 미래형이 있어요.
- 데살로니가전서 4:16-17 - 예수님께서 이 땅에 만왕의 왕으로 다시 오시는 재림의 때에, 죽은 성도들이 먼저 부활하고 그때까지 살아남은 성도들도 끌어올려 주님을 영원한 왕으로 영접하게 되며, 우리가

항상 주와 함께 있게 됩니다. 이것을 (휴거)라고 해요. '끌어 데리고 가다'라는 의미로, 재림 때에 성도들의 영과 육이 부활하여 공중에서 예수님을 영접하게 되는 것을 말합니다. 우리의 구원이 주님의 재림 때에 완성되는 구원의 미래형에 대한 말씀입니다.

그럼, 구원의 미래형에 대한 말씀은 우리에게 어떤 유익을 줄까요?
그리스도인이 어떠한 유혹, 고난 속에서도 (끝까지 주님을 따르게 합니다.) 데살로니가전서 4장 18절에서 "그러므로 이러한 말로 서로 위로하라"라고 했어요.

오늘 우리에게도 가장 큰 위로가 되는 것은 구원의 미래형 즉 주님의 재림입니다. 그날은 아무도 모르고 하나님 아버지만 아신다고 했는데, 재림의 때에 주님께서 우리의 구원을 완성하시고 모든 것을 갚아 주십니다. 그렇기 때문에 우리는 끝까지 주님을 따라야 해요.

지금까지 구원의 과거형, 현재형, 미래형에 대한 말씀을 봤는데요. 가장 소망이 되는 것은 무엇인가요?
세 가지 모습 중 한 가지만 없어도 신앙생활은 왜곡될 수 있어요. 예를 들어 과거형이 없으면 구원의 확신 없는 신앙생활이 될 수 있어요. 현재형이 없으면 오늘의 삶을 방종하며 살 수 있어요. 또 미래형이 없으면 우리의 신앙생활은 그저 이 세상에서만 착하게 사는 윤리 도덕이 될 수 있습니다.
그렇기 때문에 하나님께서는 구원에 대한 과거형, 현재형, 미래형에 대한 말씀을 주셔서 우리의 신앙생활을 균형 잡힌 풍성한 삶으로 인도하십니다.

3. 그럼 난?

구원에 대한 큰 오해가 있습니다. "나는 세례받고 예수님을 믿었으니까 다 된 거 아닌가?"라고 누군가 말한다면 이제 우리는 아니라고 해야 합니다. 그럼, 구원이란 무엇일까요? 함께 읽어 봅시다.

"그리스도인이 예수님을 닮아가고 따르는 평생의 삶의 과정입니다."
어느 한순간에 믿고 끝나는 것이 아니라, 평생의 삶의 과정입니다.
오늘 '구원에 대한 새로운 이해'를 나누며 감사한 점이나 깨달은 점을 이야기해 봅시다. 그리고 각자의 기도 제목을 나누고 함께 기도합니다.

암송 빌립보서 2:12

포인트 필사

구원이란, 그리스도인이 예수님을 닮아가고 따르는 평생의 삶의 과정입니다. 어느 한순간에 믿는 것으로 끝이 아니라, 평생의 삶의 과정입니다.

"그러므로 나의 사랑하는 자들아 너희가 나 있을 때뿐 아니라 더욱 지금 나 없을 때에도 항상 복종하여 두렵고 떨림으로 너희 구원을 이루라"(빌 2:12).

포인트 필사 / 따라 쓰기

> 양육반

3
구원받은 자의 책임(1): 거룩한 삶

1. 마음 열기

먼저 지난주에 암송한 빌립보서 2장 12절을 함께 고백해요.
"항상 복종하여 두렵고 떨림으로 너희 구원을 이루라." 구원의 현재형에 대한 말씀이었죠.

한 주간 살면서 '구원에 대한 새로운 이해'(과거형, 현재형, 미래형)로 인해 힘이 되었던 점을 나눕니다.

하나님께서는 구원받은 하나님 자녀들을 즉시 천국으로 데려가지 않으십니다. 오히려 이 땅에서 하나님 나라의 (통치)를 받고 이를 나타내는 제자의 삶을 살게 하십니다. 우리를 부르신 가정, 일터, 학교, 교회, 세상에서 구원받은 자의 (책임) 있는 삶을 살게 하십니다. 하나님 나라의 통치를 받는 삶은, (거룩한 삶)으로 죄를 이기고 예수 그리스도께 뿌리를 내리며 자라갑니다.

2. 말씀 속으로

(1) 거룩한 삶이 필요한 이유는

- 우리의 몸이 성령의 전이 되었기 때문에
  - 고린도전서 3:16-17 - 예수님을 믿음으로 우리의 몸은 (성령 하나님)이 거하시는 성전이 되었어요. 하나님의 성전은 거룩해요. 그래서 우리는 성전을 더럽히면 안 됩니다. 우리가 하나님이 거하시는 성전인 것을 기억하고 거룩한 삶을 살아야 해요.
  - 고린도전서 6:19-20 - 초대교회 성도들의 직업은 노예가 많았어요. 노예를 살 때 값을 지불하는 것처럼, 하나님께서 그리스도의 보혈의 (피 값)으로 우리를 죄의 노예에서 건져주셨어요. 이제 우리 몸은 우리의 것이 아니라 하나님 것입니다. 몸으로 하나님께 영광을 돌리는 거룩한 삶을 살아야 합니다.
- 우리를 부르신 이 땅에 하나님 나라를 이루어가기 위해서
  - 레위기 18:1-5 - 하나님께서는 이스라엘 백성들을 하나님 나라 백성으로 부르시고 그들이 가나안 땅에서 하나님 나라를 이루어 가게 하려고 모세를 통해 율법을 주십니다. 그들이 노예로 살았던 애굽의 삶의 방식 또는 가나안 땅의 삶의 방식이 아니라 오직 하나님 나라 헌법으로 주어진 율법(규례와 법도)을 따라 살아가라는 거예요. 이렇게 율법에 순종할 때, 가나안 땅이 진정으로 하나님의 주권과 통치가 이루어지는 하나님 나라가 되고, 백성들은 그 복을 누리며 살 수 있다는 거예요.
  - 레위기 18:24-25, 28 - 애굽과 가나안 땅의 삶의 방식(풍속, 문화, 세계관, 프레임)은 우상숭배, 기복주의, 사람을 제물로 태워 드리는 인신제사, 약육강식, 짐승과 교합할 정도로 문란한 성 등입니다. 하나님께서는 이러한 세상에서 이스라엘 백성들을 거룩하게 구

별하여 그들을 부르신 가나안 땅에서 대안적인 하나님 나라를 이루어 가라고 하셨어요. 이를 위해서 순종하며 거룩한 삶을 살아야 합니다. 만약, 구원받은 자의 책임을 잊고, 세상 나라 방식(애굽과 가나안의 풍속)을 따라 산다면 그 땅이 더러워지고 그 땅이 그 주민을 토해 낸 것처럼 이스라엘 백성을 토해 낸다고 하셨어요. 하나님 나라를 이루어 갈 땅에서 오히려 이스라엘 백성들이 쫓겨난다고 말입니다.

이처럼, 오늘 우리도 하나님 나라 백성으로서, 하나님 나라를 이루어 가도록 부르신 땅이 있어요. 교회, 가정, 일터, 학교, 더 나아가 세상 모든 영역입니다. 바로 이 땅에 하나님 나라를 이루어 가기 위해서 우리는 순종하며 거룩한 삶을 살아야 합니다.

가나안 땅의 삶의 방식(우상숭배, 기복주의, 인신제사, 약육강식, 문란한 성)은 지금도 있습니다. 이러한 세상 나라 방식을 따라 사는 것이 행복할까요, 아니면 조금 어려워도 말씀에 순종하는 거룩한 삶으로 하나님 나라를 이루어가며 사는 것이 행복할까요?

(2) 거룩한 삶의 원리: 죄 사함과 죄 씻음

구원받은 자의 책임으로서 거룩한 삶을 살기 위해 두 가지 원리가 필요해요. 예수 그리스도의 보혈의 공로 안에서, 난 이미 의롭다고 칭함을 받고 용서받은 죄 사함에 대한 확신과 날마다 회개하는 죄 씻음을 통해 예수 그리스도에게까지 자라나는 삶이 필요합니다.

- **죄 사함**

  세상의 모든 종교는 의로워지기 위해 거룩한 삶을 살라고 합니다. 자기 수양, 자기의 의, 자기 공로로 의로움을 이루려고 해요. 그러나 하나님 자녀는 이미 의롭다고 하신 칭의와 죄 사함의 은혜에 감사하여, 마땅히 거룩한 삶을 살아갑니다.
- 로마서 3:24 - 예수 그리스도의 피 값으로(속량) 말미암아 하나님의 은혜로 값없이 (의롭다) 하심을 얻은 자가 되었습니다.
- 갈라디아서 2:16 - 사람이 (의롭게 되는 것)은 율법의 행위가 아니라 오직 예수 그리스도를 믿음으로 얻습니다. 의로움은 어떤 착한 행위나 자기 수양으로 얻을 수 없어요. 율법의 행위로는 누구도 의로움을 얻을 수 없어요(갈 2:16). 오직 예수님을 믿음으로 우리의 죄와 허물이 예수님께 옮겨지고(전가), 예수님을 믿음으로 예수님의 의로움이 우리에게 옮겨집니다(전가).

　　법정에서 피고에게 판사가 더 이상 죄인이 아니라 죄가 없다고 선언하고 판결을 하는 것처럼, 가장 의로운 재판관이신 하나님께서 예수 그리스도의 보혈의 공로 안에서 우리에게 무죄를 선언하시고 의롭다고 칭하여 주셨습니다. 이것을 '칭의'라고 하는데요. 사실 우리의 과거, 현재, 미래의 모든 죄가 그대로 있어요. 그러나 하나님께서 우리의 의로움되신 예수님 안에서 마치 죄가 하나도 없는 것처럼 의롭다고 간주해 주셨기 때문에 이 판결을 누구도 뒤집을 수 없습니다. 그래서 우리는 죄 사함을 받고 용서받아 하나님 자녀가 되었습니다. 이미 의롭다고 칭하여 주신 칭의와 죄 사함의 은혜에 감사하여 우리는 마땅히 거룩한 삶을 살아가야 합니다.

● 죄 씻음

　　우리는 이미 (목욕한) 자처럼 죄 사함을 받았어요(요 13:10). 그러나 발에 먼지가 묻으면 씻어야 하는 것처럼, 날마다 회개하는 (죄 씻음)을 통해 예수 그리스도에게까지 자라나야 합니다(엡 4:15). 죄 사함받고 구원받은 성도가 어느 날 "신앙생활한 지 몇 년이 되고 나니까 회개할 죄가 거의 없네요"라고 하는 일은 있을 수 없다는 거예요. 오히려 신앙생활을 할수록 내 안에 있는 죄가 더욱더 말씀 안에서 드러납니다. "아, 오늘 예배드리는데 모든 말씀이 다 나 들으라고 주시는 말씀이네." 이게 정상이죠.

때로는 마음과 내면의 죄, 때로는 가정과 일터의 죄, 때로는 믿는다고 하지만 믿지 않는 죄 등 신앙생활을 할수록 죄가 드러납니다. 그럴 때마다, 주님의 은혜를 구하며 회개하여 죄 씻음받는 삶을 살아야 합니다. 이럴 때, 우리는 주님을 닮아 가는 성화의 삶을 살게 됩니다. 정말 주님의 은혜 없이 나의 삶은 아무것도 아니며, 오직 은혜로만 주님을 따를 수 있음을 경험하게 되죠.

이때 죄를 이기는 거룩한 삶을 살게 됩니다. 기쁨과 감사로 우리의 삶에 하나님 나라의 통치를 받고 나타내는 제자의 삶을 살게 됩니다. 그래서 예수님을 닮아 가고 변화되는 성화의 삶 없이 하나님 나라를 이루어 갈 수 없고, 하나님 나라의 통치를 받는 삶은 성화의 삶으로 나타납니다.

요한일서 1장 8-10절을 보면, 죄 사함의 은혜로 구원받은 하나님 자녀가 죄가 없다고 하는 것은, 스스로 (속이고) 진리가 우리 속에 없는 것이요(8절), 하나님을 (거짓말쟁이)로 만들고 말씀이 우리 속에 없는 증거라는 거예요(10절). 그러나 만일 우리 죄를 자백하여 회개하면 죄를 사하시고(죄 사함), 모든 불의에서 깨끗하게 하신다(9절) 말씀합니다.

만약에 회개하고 죄 씻음받는 삶이 없다면 어떻게 될까요?

먼저 논리적으로 그런 일은 있을 수 없어요. 정말 죄 사함과 칭의의 은혜로 구원받은 하나님 자녀라면 하나님께서 반드시 사랑과 은혜 안에서 회개를 통해 성화의 삶을 살아가게 하십니다.

또 한 가지는, 회개하는 삶이 없다면 믿음이 실질적으로 자라나지 않고 하나님의 사랑을 누릴 수도 없다는 거예요. 오히려 마음이 단단하게 굳어져서 하나님을 거역하고 불순종하는 삶을 살게 됩니다. 회개는 성도의 특권이며 거룩한 삶의 원리는 죄 사함과 죄 씻음입니다.

3. 그럼 난?

구원받은 우리는 죄에 대한 태도가 분명해야 합니다. 요한일서 3장 4절을 함께 읽어 볼까요?

"죄를 짓는 자마다 불법을 행하나니 죄는 불법이라."

지금까지는 "몰라서 그랬어요. 상황이 어쩔 수 없었어요"라고 했다면, 이제 '죄는 불법이다!'라는 분명한 태도가 필요해요. 맞아요. 때로는 정말 어쩔 수 없는 상황에서 죄를 범할 수 있어요. 그럴지라도 죄는 하나님의 법을 어기는 불법이라는 태도를 분명히 해야 합니다. 그렇지 않으면 거룩한 삶을 살 수 없어요.

그런 의미로, 나에게 가장 끊기 힘든 죄가 무엇인지 한 가지씩 나눕니다. 무덤까지 가져갈 이야기 외에는 함께 나누고 구원받은 자의 책임으로서 거룩한 삶을 살도록 함께 기도해요.

암송 에베소서 4:15

포인트 필사

하나님의 자녀는 예수님 보혈의 공로 안에서 이미 의롭다고 하신 칭의와 죄 사함의 은혜에 감사하여, 주님의 은혜를 구하며 회개하여 죄 씻음받는 삶을 살아야 합니다. 이렇게 할 때, 우리는 주님을 닮아가는 성화의 삶을 살게 됩니다. 성화의 삶 없이는 하나님 나라를 이루어 갈 수 없고, 하나님 나라의 통치를 받는 삶은 성화의 삶으로 나타납니다.

"오직 사랑 안에서 참된 것을 하여 범사에 그에게까지 자랄지라 그는 머리니 곧 그리스도라"(엡 4:15).

포인트 필사 / 따라 쓰기

> 양육반

4

구원받은 자의 책임(2): 능력 있는 삶

1. 마음 열기

에베소서 4장 15절을 함께 암송합니다. 한 주 동안 살면서 구원받은 자의 책임으로서 거룩한 삶을 살기 위해 어떤 노력을 하였나요? 오늘은 구원받은 자의 책임-능력 있는 삶에 대해 살펴봅니다.

'능력 있는 삶' 하면 어떤 것이 떠오르나요? 다양한 모습이 있는데, 성경이 말하는 능력 있는 삶은 예수 그리스도로부터 오는 십자가의 능력과 부활의 능력으로 내가 죽고 주님이 주인 되는 삶을 사는 거예요. 십자가의 능력은 (죽이는) 능력이고, 부활의 능력은 (살리는) 능력이에요. 예를 들어, 십자가의 능력으로 미움을 죽이고, 부활의 능력으로 사랑을 살립니다. 십자가의 능력으로 절망을 죽이고, 부활의 능력으로 소망을 살립니다. 십자가의 능력으로 두려움을 죽이고, 부활의 능력으로 담대함을 살립니다.

즉, 십자가의 능력으로 '나 왕'(하나님 없이 내가 여전히 주인과 왕, 하나님으로 살고 싶은 욕심)을 죽이고, 부활의 능력으로 '주 왕'(모든 삶에 예수 그리스도가 주인 되심을 인정하는 삶)을 살립니다. 내가 죽고 주님이 주인 되는 능력 있는 삶을 살 때 우리를 부르신 가정, 일터, 교회 등 모든 삶에 하나님 나라의 주권과 통치가 이루어질 것입니다.

2. 말씀 속으로

(1) 능력의 근원

바울은 골로새 교회 성도들에게 능력 있는 삶을 살도록 부탁합니다.

- 골로새서 2:6-7 - 능력의 근원이신 예수 그리스도를 (주)로 받았으니
  예수 그리스도를 주인과 왕으로 영접하였으니, 모든 삶을 그 안에서 행하고 그 안에 뿌리를 박고 세움을 받아 교훈을 받은 대로 믿음에 굳게 서서 감사함을 넘치게 하십시오.

- 골로새서 2:8, 18 - 능력의 근원이신 예수 그리스도보다 다른 것을 더 (의지)하지 말라
  사람의 전통을 따르게 하는 철학, 헛된 속임수, 육신의 생각을 따라 헛되이 과장하게 하는 꾸며 낸 겸손, 천사 숭배 등 예수 그리스도보다 다른 것을 의지하지 마십시오.

내 삶의 능력의 근원이신 예수 그리스도께 뿌리를 박고 세움을 받아 그 안에서 행함으로 하나님 나라를 감사와 기쁨으로 누리며 살아가는 모습에는 무엇이 있나요? 반대로, 능력의 근원이신 예수 그리스도보다 의지하는 것에는 무엇이 있나요?

(2) 교회의 머리 되시는 능력

에베소서 1장 20-23절을 함께 읽어 봅시다. 하나님께서 하나님의 모든 능력을 교회의 머리 되신 예수님 안에 먼저 나타내셨어요(20-21절). 그리고 예수님 안에 나타난 모든 능력이, 머리 되신 예수님과 연결된 몸 된 교회와 성도에게도 충만하게 나타나게 하셔서 그 능력을 누리게 하십니다(22-23절). 그

럼, 교회의 머리 되신 예수님 안에 나타난 하나님의 능력은 무엇이죠?
- 20절: (부활)의 능력, 죽은 자들 가운데서 다시 살리시고
- 20절: (재위)의 능력, 하늘에서 자기의 오른편에 앉히사

    예수님께서 죽으시고, 부활하고, 승천하여, 성령을 보내셨습니다. 그리고 하나님께서 예수님을 하나님 보좌 우편 원래 왕의 보좌에 앉히셨습니다. 사도신경으로 "하늘에 오르사 전능하신 하나님 우편에 앉아 계시다가"라고 고백하죠. 예수님은 보좌에서 우리를 위해 중보(기도)하시고 교회를 통해 온 만물을 통치하십니다.

- 21절: (뛰어나게) 하시는 능력

    통치, 권세, 능력, 주권은 각 시대마다 있는 왕, 통치자, 각 분야의 전문가들을 말합니다. 왕, 황제, 대통령, 경제 전문가, 의학 전문가 등 각 시대를 주도했던 사람들의 공통점이 있는데, '나의 정책과 이론대로 해야 세상이 좋아지고 유토피아가 옵니다'라는 거예요. 그런데 하나님께서 예수님을 이러한 모든 자들보다 그 어떤 주권, 앞으로 오게 될 세상의 모든 이름보다 뛰어나게 하시겠다라는 거예요. 즉 "예수 그리스도가 가신 십자가의 길과 부활의 길이 생명을 살릴 수 있는 능력이야. 세상이 하나님 나라로 회복되게 하는 길이야"라는 것을 인정하게 하시겠다는 거예요.

- 22절: 교회의 (머리)로 삼으시는 능력

    하나님께서 모든 만물을 예수님 앞에 복종하게 하시고 예수님을 교회의 머리로 삼으셨습니다. 어떤 교황이나 목회자, 왕이 아니라 언제나 신실하신 예수 그리스도를 교회의 머리로 삼으셨습니다.

- 23절: (충만)의 능력, 교회의 머리 되신 예수님 안에 나타난 하나님의 모든 (능력)이, 교회의 머리 되신 예수님의 (몸) 된 교회와 성도에게 (충만)하게 나타나게 하셨습니다.

이제 예수님 안에 나타난 부활의 능력, 재위의 능력, 뛰어나게 하시는 능력이 교회와 성도에게도 충만합니다. 예수님이 교회의 머리 되심이 우리에게 능력 있는 삶을 살게 합니다. 부활의 능력으로 영원한 부활을 바라보며 어떤 절망에서도 부활의 소망으로 일어납니다. 재위의 능력으로 하나님 나라의 통치를 반대하는 죄를 다스리고 이기며 살아갑니다. 뛰어나게 하시는 능력으로 믿지 않는 이웃들에게 선한 영향력을 통해 그리스도인으로서 인정받는 삶을 살아갑니다.

이처럼 교회의 머리 되시는 예수님을 통해 누리는 능력 중에서 가장 많이 누리는 능력은 무엇인가요? 특히, 어떤 상황과 현실에서 이러한 능력을 누리나요?

----

3. 그럼 난?

마태복음 27장 35-44절, 28장 1-10절을 읽어 봅시다.

예수님의 십자가 죽으심과 부활하심은 우리에게 능력 있는 삶을 살게 합니다. 십자가의 능력으로 '나 왕'을 죽이고, 부활의 능력으로 '주 왕'을 살리며, 나는 죽고 주님이 주인 되는 삶을 살게 합니다. 이것이 구원받은 자의 책임-능력 있는 삶이에요. 이렇게 살아갈 때 우리를 부르신 가정, 일터, 교회, 학교 등 세상에서 하나님 나라의 통치를 받고 나타내는 제자로 살게 됩니다.

하나님이 부르신 삶의 영역(가정, 일터, 교회, 학교 등) 중에서 능력 있는 삶(나는 죽고 주님이 주인 되는 삶)이 가장 많이 필요한 영역은 무엇인가요? 함께 나누고 서로를 위해 기도합니다.

암송 갈라디아서 2:20; 빌립보서 4:13

포인트 필사

성경이 말하는 능력 있는 삶은, 예수 그리스도로부터 오는 십자가의 능력과 부활의 능력으로 내가 죽고 주님이 주인 되는 삶을 사는 거예요. 십자가의 능력은 죽이는 능력이고, 부활의 능력은 살리는 능력이에요.

"내가 그리스도와 함께 십자가에 못 박혔나니 그런즉 이제는 내가 사는 것이 아니요 오직 내 안에 그리스도께서 사시는 것이라 이제 내가 육체 가운데 사는 것은 나를 사랑하사 나를 위하여 자기 자신을 버리신 하나님의 아들을 믿는 믿음 안에서 사는 것이라" (갈 2:20).

"내게 능력 주시는 자 안에서 내가 모든 것을 할 수 있느니라"(빌 4:13).

포인트 필사 / 따라 쓰기

> 양육반

5
구원의 견고함

1. 마음 열기

갈라디아서 2장 20절과 빌립보서 4장 13절을 함께 고백합니다. 한 주 동안 구원받은 자의 책임-능력 있는 삶(나는 죽고 주님이 주인 되는 삶)을 어떻게 살았나요?

오늘은 양육반 마지막 시간으로 구원의 견고함에 대해 함께 알아보고자 합니다. '견고하다'는 것은 (굳고 단단하다)라는 의미예요. 즉 하나님께서 허락하신 구원을 누구도 흔들 수 없고, 그 어떤 것도 구원을 취소시킬 수 없다는 거예요. 만약 구원을 흔들 수 있고 구원을 취소시킬 수 있다면 어떨까요?

맞습니다. 불안하고 하나님 나라로 뿌리내리기가 어려울 거예요. 감사하게도 하나님께서 한 번 허락하신 구원은 누구도 (흔들) 수 없고 그 어떤 것으로도 (취소)시킬 수 없어요. 이러한 구원의 견고함 안에서 우리는 하나님 나라로 뿌리내리고 하나님 나라를 이루어 가는 삶을 살아갑니다.

2. 말씀 속으로

(1) 선을 이루시는 하나님으로 인해 구원이 견고하다

로마서 8장 28절에서 "하나님을 사랑하는 자 그 뜻대로 부르심을 입은 자들"은 (성도)를 가리키는데요. 하나님은 우리의 삶에 일어나는 모든 일들을 퍼즐 조각처럼 합해서 악이 아니라 (선)을 이루십니다. 바로 구원의 (선물)을 누리게 하십니다.

친구가 선물상자를 보냈는데, 그 안에는 다양한 선물들이 들어 있어요. 선물상자 안의 다양한 선물들을 한번에 받고, 기쁠 때나 슬플 때 그 선물을 꺼내어 누리며 살아갑니다.

이처럼 하나님께서 우리에게 구원의 선물을 주실 때도(엡 2:8) 그 선물 안에 있는 다양한 선물들을 은혜로 한번에 받게 하십니다.

다음은 구원의 선물 안에 있는 다양한 선물들입니다.

- 롬 8:30
  - (예정): 하나님 자녀로 미리 정하심
  - (부르심): 하나님 자녀로 부르심, 소명(콜링, calling이라고도 함)
  - (칭의): 의롭다 칭하여 주심
  - (영화): 재림의 때에 영광스러운 부활의 몸으로 변화됨
- 롬 8:29
  - (성화): 거룩하게 변화됨, 그 아들의 형상을 본받음, 예수님을 닮아감

정리해 보면, 하나님께서 구원의 선물을 주실 때 그 선물 안에 있는 다양한 선물들(예정-부르심-칭의-성화-영화)을 한번에 은혜로 주시고, 삶에 일어나는 기쁜 일, 슬픈 일 등 모든 일을 통해 합력하여 누리게 하십니다. 우리가 구원받았다고 할 때 '예정-부르심-칭의-성화-영화'도 포함해서 은혜로 한번에 받습니다. 평생을 살면서, 합력하여 구원의 선물을 누리게 하십니다.

'난 지금 어려운 시기인데 어떻게 살 수 있지? 그러나 하나님께서 하나님 자녀로 미리 정하시고 선한 길로 항상 인도해 주시는구나.' 이렇게 '예정의 선물'을 누리게 하십니다. '주변에 이웃들에게 전도를 하는데 왜 이렇게 안 믿지? 나는 이렇게 믿어지는데…. 하나님 자녀로 부르셨기 때문에 믿어지는구나.' '부르심(소명)의 선물'을 누리게 하십니다. '말씀 따라 살아간다고 하지만 또 죄악 가운데 넘어지네. 맞아! 하나님께서 이미 예수님 안에서 의롭다고 칭하여 주셨지? 다시 회개하고 말씀 따라 살자.' '칭의의 선물'을 누리게 하십니다. '이번 일 너무 억울하고 화가 나! 진짜 예수님만 아니면 똑같이 갚아주고 싶어. 그러나 예수님이 계시니 마음에 다시 한번 새기자.' '성화의 선물'을 누리게 하십니다. '이제 내가 죽을 날이 오는구나. 끝이 아니라 새로운 시작이고, 영광스러운 부활의 몸으로 변화된다고 하셨지? 끝까지 믿음으로 살자.' '영화의 선물'을 누리게 하십니다.

이처럼, 선을 이루시는 하나님 때문에 어떤 상황에서나 우리의 구원은 견고합니다. 구원의 선물(예정-소명-칭의-성화-영화) 중에서 요즈음 가장 위로와 소망이 되는 선물은 무엇인가요?

---

(2) 끊을 수 없는 하나님의 사랑으로 인해 구원이 견고하다

끊을 수 없는 하나님의 사랑으로 인해 구원은 견고합니다. 로마서 8장 31-34절을 보면, 끊을 수 없는 하나님의 사랑을 의문 동사형으로 강조하고 있습니다. 한 절씩 함께 찾아볼까요?

- 31절: 누가 우리를 (대적)하리요?

　　모든 것이 합력하여 선을 이루게 하고 구원의 선물을 누리게 하시는 이 일에 대하여, 우리가 무슨 말을 하겠습니까? 하나님이 우리 편이시면 누가 우리를 대적하겠습니까? 누구도 우리를 대적할 수 없습니다.

- 32절: 우리에게 (주시지) 아니하겠느냐?

  우리를 구원하시기 위해 가장 귀한 독생자 예수 그리스도를 십자가에 내어주신 하나님께서 그 아들과 함께 모든 것을 우리에게 선물로 거저 주지 않으시겠습니까? 모든 것을 우리에게 선물로 주십니다.

- 33절: 누가 (고발)하리요?

  하나님께서 택하신 자들을 누가 감히 고발하겠습니까? 의롭다고 하신 분이 하나님이시기에 누구도 고발할 수 없습니다.

- 34절: 누가 (정죄)하리요?

  예수님은 죽으시고 부활하셔서 하나님의 보좌 우편에서 우리를 위하여 간구하고 계십니다. 누구도 정죄할 수 없습니다.

이러한 모든 말씀은, 누구도 우리의 구원을 흔들 수 없고 그 어떤 것도 우리의 구원을 취소시킬 수 없음을 보여 줍니다. 우리의 구원은 견고합니다. 끊을 수 없는 하나님의 사랑이 네 가지 의문형으로 선포되었는데, 이 중에서 나에게 가장 필요한 믿음의 선포는 무엇인가요?

3. 그럼 난?

로마서 8장 35-39절까지 함께 읽어 볼까요? 우리를 그리스도의 사랑과 하나님의 사랑에서 끊으려고 하는 것들에는 무엇이 있나요?

35절에는 "환난, 곤고, 박해, 기근, 적신, 위험, 칼", 36절에는 "도살당할 양 같이 여김을 받음", 38절에는 "사망, 생명, 천사들, 권세자들, 현재 일, 장래 일, 능력", 39절에는 "높음, 깊음, 다른 어떤 피조물"이라고 합니다. 이 모든 것들이 우리를 그리스도의 사랑과 하나님의 사랑에서 끊으려고 하는 것들이에요.

그러나 바울은 이 모든 일에 우리를 사랑하시는 이로 말미암아 우리가 넉넉히 이길 수 있음을(37절), 우리 주 그리스도 예수 안에 있는 하나님의 사랑에서 그 어떤 것도 끊을 수 없음을(39절) 확신합니다. 또 이 확신이 우리의 확신입니다.

그러한 의미로, 로마서 8장 37절을 함께 선포해 볼까요?

"그러나 이 모든 일에 우리를 사랑하시는 이로 말미암아 우리가 넉넉히 이기느니라."

오늘은 구원의 견고함에 대해 살펴보았습니다. 마지막으로 감사한 점을 함께 나누겠습니다.

암송 로마서 8:28

포인트 필사

하나님께서 구원의 선물을 주실 때에 그 선물 안에 있는 다양한 선물들(예정-부르심-칭의-성화-영화)을 한번에 은혜로 주시고, 삶에 일어나는 기쁜 일, 슬픈 일 등 모든 일을 통해 합력하여 누리게 하십니다. 우리가 구원받았다고 할 때 예정-부르심-칭의-성화-영화도 포함해서 은혜로 한번에 받게 됩니다. 평생을 살면서 합력하여 구원의 선물을 누리게 하십니다.

"우리가 알거니와 하나님을 사랑하는 자 곧 그의 뜻대로 부르심을 입은 자들에게는 모든 것이 합력하여 선을 이루느니라"(롬 8:28).

포인트 필사 / 따라 쓰기

....
....
....
....
....
....
....

사역반
(하나님 나라의 일꾼)

1. 영적 전쟁

2. 교회를 교회 되게

3. 섬김과 나눔

4. 드리는 삶

5. 건강한 교회 건강한 방향

6. 사역과 은사

지금까지 새가족반(하나님 나라로 초대), 새생명반(하나님 나라의 기초), 양육반(하나님 나라로 뿌리내림)을 거쳐 왔어요. 오늘부터는 마지막 과정인 사역반(하나님 나라의 일꾼)입니다. 먼저, 다음의 그림을 보고 느낀 점을 나누어 볼까요?

사역은, 기본적으로 '그리스도의 몸(교회)'을 세우는 거예요.

성도 한 사람 한 사람마다 교회의 머리 되신 예수 그리스도의 몸인 교회의 지체가 되어서 하나님 나라를 함께 이루어 갑니다. 그래서 우리는 하나님 나라의 일꾼이에요. 에베소서 4장 12절에는 어떤 과정을 통해 그리스도의 몸이 세워지는지 나오는데요. 함께 읽어 볼게요.

"이는 성도를 온전하게 하여 봉사의 일을 하게 하며 그리스도의 몸을 세우려 하심이라"(엡 4:12).

그리스도의 몸이 세워지는 과정은, 예수님이 찾는 한 영혼을 전도-양육(성도를 온전하게 하여)-사역(봉사의 일을 하게 하며)-그리스도의 몸 세우기입니다. 먼저 전도하고, 이후 전도한 한 영혼을 알아서 하도록 두는 것이 아니라 체계적인 신앙의 기본이 세워지도록 양육합니다. 이렇게 양육이 이루어지면 자연스럽게 은사가 발견되고, 어떤 형태로든지 그리스도의 몸과 연결된 지체가 되어 사역을 하게 됩니다. 이렇게 찾는 한 영혼이 세워져 봉사 사역을 하게 될 때 그리스도의 몸이 세워집니다. 이런 의미로, 양육의 열매는 사역이며, 사역은 그리스도의 몸이 세워지는 증거입니다.

또 그리스도의 몸이 세워질 때 교회를 통해 하나님 나라가 세상에 증거됩니다. 이 일을 위해 앞서 제시된 그림처럼, 예수님께서 우리를 하나님 나라의 일꾼으로 부르시고 격려하십니다. 우리 모두 "잘했다. 착하고 충성된 종아!"(마 25:21)라고 주님의 칭찬을 받는 일꾼 되길 소망하며 사역반을 시작해 봅시다. 그리고 서로 손을 내밀어 축복합시다.

"잘했다. 착하고 충성된 종아!"

> 사역반

1
영적 전쟁

1. 마음 열기

로마서 8장 28절을 함께 암송해요.

영적 전쟁을 경험한 적이 있나요? 영적 전쟁을 이해하려면, '이미', '그러나… 아직'의 구도를 알아야 합니다.

신앙생활은 이미 승리한 영적 전쟁이에요. 중요한 것은, 하나님 나라는 (이미) 승리했다는 거예요. 예수님께서 십자가에 죽으시고 부활하여 사탄의 권세를 이기셨어요. 그래서 예수님을 믿으면 지금 이곳에 하나님 나라의 통치가 시작됩니다. 사탄의 권세가 패배했기 때문이죠. 그러나 (아직) 하나님 나라가 온전히 완성되지는 않았어요. 예수님의 재림의 때에 완성이 되는데, 그날에 악의 세력에 대한 모든 심판이 이루어집니다. 이처럼 하나님 나라는 하나님 나라의 통치가 극치로 이루어지는 재림이라는 클라이맥스를 향해 전진하고 있어요.

이러한 과정에서, 사탄은 패배한 자신의 권세를 끝까지 포기하지 않고 재림의 날이 가까울수록 하나님 나라를 이루어 가는 교회와 성도를 방해해요. (분열하게) 하는 자로, (거짓)의 아비로, (참소)하는 자로 교회와 성

도를 방해해요. 하나님 나라를 이루어 가고 증거하는 교회와 성도가 아니라, 교회가 세상으로 변하는 세속화된 교회로 변질시켜요. 또 하나님 나라의 일꾼이 아니라 패잔병 같은 성도로 살게 해요. 하나님 나라의 통치를 받고 나타내는 제자의 삶에서 오는 기쁨과 소망이 없이, 썩은 고기만 바라보는 독수리처럼 세상만 바라보는 성도로 살게 해요. 그래서 우리는 재림을 향해 번성하고 전진하고 있는 하나님 나라에 소망을 품고, 승리하신 예수 그리스도 안에서 영적 전쟁에서 승리하여 하나님 나라의 일꾼으로 살아야 합니다.

2. 말씀 속으로

(1) 사탄(마귀)의 정체

베드로는 베드로전서 5장 8-9절에서, 마귀의 정체가 '우는 사자와 같다'고 했어요. 먹잇감을 찾아다니는 우는 사자의 모습은 어떨까요? 베드로전서 5장 8-9절을 먼저 읽고 나누어 봅니다.

- (정체)를 감춘다:

    "얼룩말! 나 사자야. 어흥! 내가 너희들 잡아먹을 거다" 하면 얼룩말들은 다 도망갈 거예요. 사냥하려면 자기를 감추고 몰래 다가가야죠. 마귀도 자신의 정체를 감춥니다. 만약 마귀가 자신의 모습을 온전히 보여 주면서 "내가 마귀인데, 예수보다 내가 더 강해. 날 따르라!" 이렇게 하는 순간, 그 장면을 본 모든 사람들은 교회로 올 거예요. "진짜로 마귀가 있네. 예수님 믿어야지!"

    사람들은 마귀에 대해 양극단으로 나뉘어 있습니다. 한편에서는 과학주의 관점으로 "세상에 마귀, 신, 천사, 영적인 존재가 어디에 있어? 과학적으로 증명되지 않은 건 믿지 말아야 해"라고 합니다. 또 한편으로는 신비주의 관점으로 모든 것을 귀신, 영적인 존재와 연결시킵니다. 부뚜막 귀신, 감기 귀신, 나무 귀신 등. 양쪽 다 잘못된 모습이죠. 사탄의 정체를 모르는 거예요. 그래서 우리는 성경을 통해 분명히 알아야 해요.

- **(약점)을 노린다:**

    우는 사자는 먼저 정체를 감추고, 그다음은 먹잇감의 약점을 노립니다. 부상당하거나 약한 새끼가 없는지, 무리에서 이탈해서 혼자 먼 산 보고 있는 얼룩말은 없는지 살핍니다. 마귀도 우리의 약점을 노려요. 각자에게 한두 가지 이상의 약점이 있어요. 분노가 약점인 성도, 돈 관계가 약점인 성도, 무엇인가에 중독되어 약점인 성도 등 각자 차이가 있지만 한두 가지 약점이 있어요. 사탄은 그 약점을 노려요.

    이러한 약점은 교회 전체적으로도 있어요. 지역에 세워져 있는 교회가 건강하게 세워지기 위해서는 그 교회 전체의 약점을 반드시 극복해야 합니다. 환경적인 약점, 영적인 약점 등이 있습니다. 사탄은 이렇게 하나님만큼은 아니지만, 우리의 약점을 알고 노립니다.

- **(공격)한다:**

    우는 사자가 정체를 감추고 약점을 계속 노리기만 할까요? 아니죠. 얼룩말들이 방심하고 있을 때 달려들어 공격합니다. 마귀도 우리가 방심하고 있을 때 교회와 성도를 공격합니다. 분열시키려는 공격으로, 거짓의 공격으로, 참소하고 정죄하는 공격으로 교회와 성도가 하나님 나라를 이루어 가는 것을 방해하고 낙심하게 합니다.

    베드로는 이러한 사탄의 공격 앞에 기도로 근신하여 깨어 있어야 하고(8절), 대적하라(9절)고 권면합니다. 예수님이 십자가를 지시기 전에 기도했던 겟세마네 동산에서 베드로는 깨어 기도하지 못했어요. 그는 마귀를 대적해야 하는데, 오히려 예수님이 잡혀가는 동안에 예수님을 모른다고 세 번이나 부인하고 저주했어요(마 26:69-75).

베드로는 이러한 경험을 통해, 마귀는 우는 사자처럼 두루 다니며 삼킬 자를 찾는다고 권면하고 있어요. 이렇게 마귀의 정체를 알고 나니 하나님 나라의 일꾼으로서 어떤 경각심이 생겼나요?

---

(2) 마귀의 도구

마귀가 우리를 무너뜨리기 위해 사용하는 도구가 있어요. 어떤 것이 있는지 알아봅시다.

- 에베소서 2:2 - (불순종)

    우리가 믿기 전에는 하나님과 반대되는 불순종하는 삶을 살았어요. 세상 풍조, 공중 권세 잡은 자를 따르고 불순종하는 사람들 속에 역사하는 악한 영을 따라서 불순종하며 살았어요. 그런데 거듭난 후에도 육체의 욕심으로 불순종할 때가 있지요. 마귀는 불순종을 도구로 삼아 우리를 무너뜨려요. 정말 신기한 건, 하나님 자녀인데도 불순종하면 또 불순종하고 싶어집니다.

    불순종한 후에 처음에는 '아 내가 이러면 안 되지, 말씀 따라 살아야지.' 하다가도 순종하지 않고 또 불순종하면 마음이 바뀌어 '내가 왜 순종해야 해? 또 순종이야? 왜 나만 갖고 그래?'라는 생각이 듭니다. 이러다 보면 신기하게도 신앙생활의 모든 것이 지겨워지고, 믿는다고 하지만 믿지 않는 사람들보다 하나님을 더 싫증 내고 대적하는 함정에 빠질 수 있어요. 그래서 마귀의 도구인 불순종을 이기는 능력은 오직 (순종)입니다. (순종)하면 무조건 영적 전쟁에서 승리합니다. 한 번 더 강조해요! 순종하며 영적 전쟁에서 승리합시다. 순종의 타이밍을 놓치지 맙시다.

- 에베소서 2:3 - (육체)의 욕심

우리는 믿기 전에, '나 왕'으로 육체의 욕심을 따라 육체가 원하는 대로 진노의 자녀로 살았어요. 거듭난 후에도 육체의 욕심이 작은 불씨처럼 남아 있기 때문에 틈만 나면 하나님 없이 여전히 내가 주인과 왕, 하나님으로 살고 싶은 마음이 올라와요.

오락실 추억의 게임 중에 두더지 게임이 있어요. 동전을 넣으면 '여보세요, 왜 때려요!' 하고 음악이 나옵니다. 그러면 정해진 시간 동안 방망이로 구멍에서 나오는 두더지를 때리는 거예요. 때릴 때마다 점수가 올라가요. 이쪽 두더지를 때리면 저쪽 두더지가 나오고, 저쪽 두더지를 때리면 이쪽 두더지가 또 나오고…. 이처럼 틈만 나면 '나 왕'으로 살고 싶은 욕심, 육체의 욕심이 불쑥 나옵니다.

마귀는 작은 불씨와 같은 육체의 욕심을 세상의 유혹, 정욕으로 끊임없이 부채질해서, 작은 불씨 정도가 아니라 큰불이 되어 우리의 생각, 감정과 마음, 의지를 장악합니다. 하나님 나라의 일꾼으로서 마땅히 품어야 할 생각, 마음, 의지를 무너뜨려 세상만 바라보게 해요. 그렇기 때문에 **육체의 욕심을 이기기 위해서는 오직 (말씀)과 (기도)로 은혜 충만해야 합니다.** 말씀과 기도로 은혜 충만하면, 방망이로 올라오는 두더지를 때리는 것처럼 육체의 욕심을 이기고 주를 위해 살아갑니다.

그러나 말씀과 기도가 시들해지고 내 안의 은혜가 메말라 가면 '나 왕'으로 살고 싶은 육체의 욕심이 올라올 때 이길 힘이 없습니다. 말로는 주님이라고 하지만 사실은 내가 여전히 주님이고, 주님을 종으로 부려먹는 함정에 빠집니다.

- **에베소서 4:25 - 공동체를 무너뜨리는 (거짓말)**

마귀가 개인도 대적하지만 교회를 대적하기도 하는데, 바로 거짓말을 통해서 교회를 무너뜨리려고 합니다. 그러므로 거짓을 버리고 참된 것을 말해야 합니다. 왜냐하면 우리는 그리스도의 몸 된 교회의 지체이기 때문입니다. 직접적인 거짓말을 포함하여 악의적인 험담, 유언비어, 비난과 판단의 말을 피하고 말씀 안에서 참된 것을 말해야 합니다.

더 나아가 세상에서도 말씀 안에서 참된 것을 말해야 합니다. 이를 위해, 우리의 양심의 기준이 내가 아니라 항상 말씀이 되어야 해요. '나의 양심에 비추어 크게 벗어나지 않으면, 이렇게 말해도 되겠지!'가 아니라, 항상 말씀에 비추어 우리의 말을 다스려야 해요.

교회가 흔들릴 때 보면 반드시 그 안에는 '어떤 말'로부터 시작해요. 말씀에 비추어 보면, 합당한 말이 아니기에 뒤에서 숨기면서 공동체 안에 번져 가요. 그러다 보면, 처음 시작한 말에서 엉뚱한 말이 덧붙여지기도 하고 지체들끼리 많은 오해와 판단이 생겨납니다. 하나님 나라의 일꾼으로서, 하나님 나라를 함께 이루어가고 그리스도의 몸을 세우는 데 집중하지 못하고 엉뚱한 말들에 에너지를 낭비하게 됩니다.

그래서 각자 모든 지체가 항상 말씀 안에서 말을 점검받고 다스려야 해요. 또 어떤 지체가 사실과 다른 말을 할 때는 그 지체의 입장에서 공감하고 들어 주어야 하지만 그 이상으로 번져 가지 않도록 그 지체를 위해 긍휼히 여기며 권면하고 기도해야 합니다.

마귀의 도구 세 가지를 살펴보았어요. 새롭게 깨달은 내용이 있다면 무엇인지 나눠 보아요.

(3) 하나님의 전신갑주를 입으라

그럼 우리는 마귀의 대적을 어떻게 이겨야 할까요? 하나님의 전신갑주(과거 로마군인의 완전무장한 모습)를 입음으로 싸워야 해요. 에베소서 6장 10-20절을 읽어 봅니다.

- **전신갑주를 입어야 하는 이유**(10-13절)

    우리가 상대하는 것은 단순히 눈에 보이는 혈과 육을 가진 사람이 아니라 악의 영들입니다. 그래서 강건하고 마귀의 간계에 능히 대적하여 모든 일을 행한 후에, 하나님 앞에 서기 위해서 전신갑주를 입어야 합니다.

- **전신갑주 방어용 무기**(14-16절)

    14절 – 그런즉 (서서): 홀로 싸우는 것이 아니라 소대, 중대, 대대, 즉 하나님 나라의 일꾼으로서 지체들과 함께 서서 하나님 나라의 군대를 이루어 싸워야 해요. 이를 위해 항상 함께 모여 예배하고 흩어져서 삶을 예배로 살아야 해요.

    14절 – (진리)의 허리띠: 군인들이 두꺼운 허리띠를 차고 척추를 중심으로 온몸에 힘을 지탱해 주는 것처럼, 우리는 진리의 말씀으로 허리띠를 삼아 믿음의 중심을 지켜야 해요.

    14절 – (의)의 호심경: 가슴을 적의 공격으로부터 보호하기 위해 보호대를 착용한 것처럼, 우리는 의로움의 주인 되신 예수 그리스도의 의로움으로 항상 죄로부터 자신을 지켜야 해요.

    15절 – (복음)의 신발: 군인이 머리부터 발끝까지 완전무장을 해도, 군화를 신지 않고 있다면 아직 싸움에 나갈 의지가 없는 거겠죠. '최선의 공격이 최선의 방어'라는 말처럼, 하나님 나라의 일꾼들은 듣든지 듣지 않든지 항상 복음을 전해야 합니다. 그럴 때 각자의 믿음을 지키고 공동체를 거룩하게 지킬 수 있어요.

    16절 – (믿음)의 방패: 적의 불화살로부터 방어할 때, 방패를 붙잡고 적의 불화살이 소멸할 때까지 그 자리에 서 있어야 해요. 두려움에 이리저리 움직이면 더 빨리 적의 화살에 맞고 죽을 수 있어요. 이처럼 생각의 불화살, 감정의 불화살, 언어의 불화살들이 날아올 때 믿음의 방패를 들고 잠잠히 주님 앞에 서 있어야 해요. 반드시 적의 불화살은 어느 순간 사라지고 주님 주시는 평강이 임합니다.

- **전신갑주 공격용 무기**(17절)

　17절 - (구원)의 투구: 투구는 보통 중요한 머리를 보호하는 방어용 무기예요. 그러나 화살, 칼, 방패 등 모든 무기가 떨어진 상황에서 마지막으로 각개전투를 합니다. 손에 잡히는 것으로 적을 향해 내려치며 공격을 하는데, 그때 군인들은 투구를 잡고 마지막 최후의 공격을 해요. 이처럼 우리도 영적으로 모든 것들이 떨어지고 '난 이제 끝났나 보다'라고 할 정도로 절망할 때가 있어요. 그때 마지막 공격이 있는데, '난 연약해. 그러나 난 그리스도의 보혈로 죄 사함 받고 구원받은 하나님 자녀야'라고 원수를 향해 믿음으로 선포하면서 공격하는 거예요. 절망에 묶여 있던 마음이 회복되고 주님 주시는 새 힘을 경험하게 됩니다.

　17절 - (성령)의 검: 검은 적을 향해 찌르는 싸우는 공격용 무기예요. 그런데 성령의 검 곧 하나님의 말씀을 가지라고 했어요. 칼집에 칼을 꽂아 놓는 것처럼, 평소에 말씀을 마음에 새기고 듣고 묵상하는 거예요. 그러다가 필요할 때 칼집에 있는 칼을 꺼내 적을 향해 공격하는 것처럼 성령께서 필요할 때에 마음에 새긴 말씀을 꺼내어 사용하게 하십니다. 성령의 검 하나님의 말씀으로 원수를 향해 공격하고 승리하게 하십니다.

- **기도 본부**(18-20절)

　18절 - 여러 (성도)를 위해 기도하라: 전쟁에서 본부가 점령당하면 승패가 결정됩니다. 이처럼 영적 전쟁에도 기도 본부가 있어요. 먼저, 성령 안에서 모든 기도의 방법을 통하여 여러 성도를 위해 기도해야 합니다. 서로가 서로를 위해, 공동체에서 각자가 맡은 자리와 각자의 믿음을 지키며 하나님 나라의 일꾼으로 승리하도록 기도해야 해요. 옆에 있는 전우가 전쟁에서 죽으면 그 자리를 서로가 지켜야 하는 것처럼, 우리는 지체들이 영적 전쟁에서 승리하도록 항상 기도해야 합니다.

19-20절 – (목회자)를 위해 기도하라: 바울은 '나'(바울 자신)를 위해 기도해 달라고 요청해요. 복음의 비밀을 담대히 전하고 당연히 할 말을 담대하게 전하도록 기도 요청을 합니다. 우리는 지체들끼리 서로를 위해 기도하는 동시에, 목회자를 위해 항상 기도해야 합니다. 하나님의 말씀을 연구하여 말씀대로 전하도록, 그 어떤 사람의 눈치나 사상이나 현실에 구애받지 않고 담대히 말씀을 전하는 사명을 신실하게 감당하도록 기도해야 합니다. 또 마땅히 목회자는 말씀만 전할 것이 아니라, 하나님 나라의 일꾼인 성도들을 위해 항상 기도해야 합니다.

지금까지 전신갑주에 대해 살펴보았습니다. 방어용 무기, 공격용 무기, 기도 본부가 있는데요. 나에게 가장 부족한 무기는 무엇인가요?

....

....

3. 그럼 난?

전신갑주를 정리해보면 결국 해답은 예배와 말씀과 기도입니다. 예배를 통해 하나님 나라의 군대로 함께 서게 되고, 말씀과 기도를 통해 방어용 무기, 공격용 무기, 기도 본부가 세워집니다. 예배, 말씀, 기도! 구원받은 하나님 자녀의 (기본)입니다.

전쟁이 났을 때 갑자기 훈련한다고 해서 승리할 수 없어요. 평소에 기본 훈련을 충실하게 해온 군대가 승리합니다. '훈련을 실전처럼, 실전을 훈련처럼!' 따라서 신앙생활의 기본인 예배 그리고 말씀과 기도를 평소에 소홀히 하지 말아야 합니다. 그런 의미로, 기본 훈련인 예배 생활, 말씀 묵상, 기도 생활에 대한 결단을 나누고 마칩니다.

암송 베드로전서 5:8

포인트 필사

우리는 '이미', 그러나 '아직'의 극도 안에서, 재림을 향해 번성하고 전진하고 있는 하나님 나라에 소망을 품고, 승리하신 예수 그리스도 안에서 영적 전쟁에서 승리하여 하나님 나라의 일꾼으로 살아야 합니다.

"근신하라 깨어라 너희 대적 마귀가 우는 사자같이 두루 다니며 삼킬 자를 찾나니"(벧전 5:8).

포인트 필사 / 따라 쓰기

> 사역반

2
교회를 교회 되게

1. 마음 열기

베드로전서 5장 8절을 함께 암송합니다. 그리고 다음 질문에 답해 보아요.

- 우리 교회의 자랑거리는 무엇인가요?
  ....

- 우리 교회 창립일은 언제인가요?
  ....

- 우리 교회에 바라는 점은 무엇인가요?
  ....

사역은 그리스도의 몸인 교회를 함께 세워 가는 거예요. 그래서 오늘은 교회에 대해 살펴보고자 합니다.

2. 말씀 속으로

(1) 교회란 무엇인가?(고전 1:1-3)

교회가 무엇인지를 알기 위해서는, 먼저 교회의 주인과 구성원에 대해 알아야 합니다.

- 교회의 주인: "고린도에 있는 (하나님의) 교회"

 2절을 보면 교회의 주인은 하나님이십니다. '하나님의'는 소유격을 나타내요. 성도의 교회, 집사, 장로, 권사의 교회도 아니예요. 물론, 목회자가 하나님의 뜻대로 교회가 잘 세워지도록 관리, 감독하는 청지기로 부름받았지만, 엄밀히 말하면 이 세상의 모든 교회의 주인은 하나님이십니다. 이렇게 교회의 주인은 하나님이신데, 하나님께서 이 땅에 하나님 나라와 하나님의 뜻을 이루어 가기 위해 교회의 구성원으로 부르신 자들이 있어요.

- 교회의 구성원: "그리스도 예수의 사도로 (부르심)을 받은"

 1절에 하나님께서 교회의 구성원으로 사도(보냄을 받은 자)로 바울과 소스데네를 부르신 것처럼 오늘날은 목회자를 부르십니다. 또 2절을 보면 그리스도 예수 안에서 거룩해진 자(성도)들을 부르십니다.

 중요한 것은, 목회자만 부르심을 받은 것이 아니라 성도도 부르심을 받은 자들이라는 거예요. 하나님께서 세상에 많은 사람 중에서 우리를 성도로 부르시고 하나님 나라를 이루어 갈 가정과 일터로 부르십니다. 또 세상의 모든 교회의 주인이 하나님이시고 교회의 머리가 예수 그리스도이시지만 우리를 지역교회의 구성원으로 부르십니다.

 고린도 교회 성도들은 고린도라는 지역교회로 부르심을 받은 성도들입니다. 이렇게 하나님께서 우리를 지역교회의 목회자와 성도로 부르셔서, 하나님 나라 일꾼으로서 목회자와 성도가 함께 교회를 세워 가게 하십니다.

코로나 시대를 거치면서 온라인·오프라인 예배를 병행하는데요. 여러 가지 상황이 있겠으나 하나님께서는 어떤 형태로든지 우리를 지역교회의 멤버로 부르십니다. 때로는 한 교회를 정하지 못하고 여러 교회를 경험할 수도 있지만, 나무가 뿌리를 내려야 자라나는 것처럼 한 교회에 뿌리를 내리는 것은 정말 중요합니다. 목회자나 성도나 나를 지역교회로 부르셨다는 확신이 그 교회를 건강하게 세워가는 힘이 됩니다.

따라서 교회는 하나님의 뜻과 하나님 나라를 이루어 가기 위해, 세상으로부터 (부르심)을 받고 세상을 향해 (보내심)을 받은 공동체입니다. 우리는 교회로 모여 예배하고, 흩어져 교회로서 예배의 삶을 살아갑니다.

세상에 많은 주님의 몸 된 교회가 있지만, 하나님께서 '지금 내가 속한 교회로 하나님께서 나를 부르셨구나!'라는 마음이 언제 가장 많이 드나요?

(2) 교회의 약점

교회는 세상에서 찾아볼 수 없는 복된 공동체입니다. 동시에 세상에서 찾아볼 수 없을 정도로 약점도 많습니다. 사람들이 교회에 대해 실망하는 교회의 최대의 약점은 무엇일까요? 바로 (육체)의 욕심을 갖고 있는 (사람)입니다. 맞아요. 결국은 사람이에요. 예수님이 싫어서 교회 안 간다는 분들도 가끔은 있는데 대부분 보면, 목회자 때문에 장로, 집사, 권사 때문에, 성도 때문에, 심지어 어떤 아이 때문에 안 간다고 해요. 육체의 욕심을 갖고 있는 사람이 교회의 최대 약점입니다. 물론, '옷깃만 스쳐도 바람만 불어도 시험 든다'는 웃픈(웃기지만 슬픈) 모습도 있어요. 그러나 하나님 나라 일꾼으로서 교회의 최대의 약점이 왜 사람인지, 복된 고민이 필요합니다.

- 로마서 7장 17-21절에서 바울의 고민을 볼 수 있습니다. 바울은 선을 행하고 복음을 전하며 주님을 위해 살기를 원합니다. 그런데 이것을 방해하는 것이 있어요. 육신(18절), 악(19절), 죄(20절) 등입니다. 그래서 선을 행하기 원하지만, 원하지 않는 악을 행하는(19절) 자신을 보면서 여전히 자신 안에 죄가 거하고(20절) 악이 함께 있는 것을(21절) 깨닫습니다.
- 갈라디아서 5장 16-17절을 보면 육체의 욕심(소욕)이 성령께서 우리 안에서 하고자 하시는 선한 일들을 거스르고 대적합니다.

이처럼, 교회의 최대의 약점이 사람인 이유는, 구원받았지만 여전히 우리 안에 거하는 죄악, 육체의 욕심 바로 ('나 왕'의 욕심) 때문입니다. 우리도 구원받은 하나님 자녀지만 여전히 내가 주인과 왕, 하나님으로 살고 싶은 욕심이 끊임없이 올라옵니다. 교회로 모여 예배하고, 흩어져 교회로서 예배의 삶을 살길 원합니다. 하나님 나라와 그 뜻을 이루어 가는 건강한 공동체로 우리 교회가 세워지길 원하지만 잘 되지 않습니다. 오히려 원하지 않는 반대의 모습을 행하고 교회 안에 있는 지체들을 보면서 실망하고 낙심할 때가 있습니다. 바로 '나 왕'(육신의 정욕/육신의 소욕) 때문입니다.

'시험 들었다', '상처받았다'라고 할 때는 정말 그럴 만한 사정이 있을 때도 있어요. 그러나 대부분 그 중심에는 '나 왕'이 있어요. 그래서 나는 쏙 빼놓고 '우리 교회는 목사님 때문에 안 돼', '직분자들 때문에 안 돼', 심지어 '교육부서 아이들 때문에 안 돼'라고 하면서 시험 들었다고 합니다.

하나님 나라 일꾼으로서 동역할 때 중요한 원칙이 있어요. 이 원칙만 기억한다면, 어떤 상황에서도 사람 때문에 실망하지 않을 거예요. 함께 고백할까요?

"우리 교회 최대의 약점은 바로, 나다!"

이번에는 각자의 이름을 넣어서 한 번 더 고백해 봅니다.

"우리 교회 최대의 약점은 바로 (   )이다!"

어떤 상황에서도 이 사실을 기억하면, 다시 주님 앞에 엎드려 긍휼을 구합니다. 다시 말씀과 기도 예배로 은혜가 충만하여 '나 왕'을 이기고 하나님 나라 일꾼으로서 사역하게 됩니다. 그런데 이 사실을 기억하지 않으면 우리 교회 최대의 약점은 나를 제외한 모든 사람이 됩니다. 그래서 사람 때문에 실망하여 예배, 말씀, 기도가 소홀해지고 주님과 멀어진다면 나만 손해입니다.

'나는 문제가 없는 교회, 약점이 없는 교회, 괜찮은 사람들만 모인 교회를 찾겠다.' 과연 그런 교회가 있을까요? 문제와 약점이 없는 교회는 이 세상에 존재하지 않습니다. 교회의 규모와 지역과 상관없이 이 세상의 모든 교회는, 세상에서 찾아볼 수 없는 약점을 지닌 사람들이 각자의 사연 속에서 교회로 부름을 받습니다. 각자의 연약함 속에서 오직 예수님의 십자가 사랑과 긍휼 안에서 구원받고 변화되고 하나님 나라 일꾼으로 세워집니다. 이 모습이 교회가 세상에서 찾아볼 수 없는 복된 공동체임을 보여 줍니다.

혹시 지금까지 신앙생활하면서 사람 때문에 실망한 적이 있나요? 함께 나누고 서로를 위로하길 원합니다. 잊지 마세요. 신앙생활은 여전히 내가 주인과 왕이 되어 그저 나의 욕심을 채우기 위한 공동체를 찾아다니고, 그렇지 못한다면 버리는 것이 아닙니다. 신앙생활은 나의 삶의 주인과 왕을 '나 왕'(내가 주인과 왕)에서 '주 왕'(예수님이 주인과 왕)으로 바꾸고, 세상 나라 방식을 버리고 하나님 나라 방식으로 살아가는 것입니다. 그래서 반드시 공동체가 필요합니다.

물론 가끔은 오직 주님만 바라보는 홀로 있는 시간도 필요하지만, 하나님께서는 공동체를 통해 우리를 다듬어 가십니다. 세상 나라 방식을 버리고 하나님 나라 방식을 따라 살아가는 것을 공동체를 통해 배우게 하십니다. 가정에 하나님 나라를 이루어 가는 모습, 부부관계에 하나님 나라를 이루어 가는 모습, 일터에 하나님 나라를 이루어 가는 모습 등 처음부터 완벽한 사람은 없어요. 모두가 약점이 있지만 공동체 안에서 함께 세워지며 자라나도록 하나님께서는 우리를 하나님 나라 일꾼으로 부르셨어요.

(3) 교회의 영광

교회에는 약점이 있습니다. 하지만 우리가 바라보아야 할 것은 약점이 아니라 교회의 영광입니다. 이 세상에는 두 종류의 교회가 존재합니다. 약점이 있지만 교회의 영광을 바라보고 세워지는 교회와 약점만 바라보고 무너지는 교회입니다. 그러면 우리가 바라보아야 할 교회의 영광은 무엇일까요?

- **에베소서 5:27 "자기 앞에 (영광스러운) 교회로 세우사"**

  교회에는 약점이 많습니다. 주름 잡힌 것도 많고 티와 흠도 많아요. 그런데 교회의 머리 되신 예수님과 지체인 교회가 연합하여 예수님의 의로움이 교회의 의로움이 되었어요. 그래서 남편과 아내가 한 몸이 되어 연합한 것처럼, 우리는 예수님의 의로움 안에서 이미 영광스러운 교회로 티나 흠이나 주름 잡힌 것이 없이 세워졌다는 것을 항상 바라보아야 해요.

- **사도행전 20:28 "하나님이 (자기 피)로 사신 교회"**

  바울은 에베소에서 선교 사역을 마치고 장로들과 작별인사를 해요. 성령이 목회자를 하나님의 뜻대로 교회가 세워지도록 관리하는 감독자로 삼고, 하나님이 자기 아들의 피로 사신 교회를 보살피게 하셨다고 권면을 합니다.

  예를 들면, 어떤 아버지에게 낡은 지갑이 보물 1호입니다. 자녀들은 새 걸로 사드릴 테니 낡은 지갑을 그만 버리자고 합니다. 그러나 아버지는 보물 1호 지갑에 사연이 있기에 버릴 수 없습니다. 이처럼 사람들은 교회에는 약점도 많고 문제도 많기 때문에, 교회가 더 이상 필요 없다고 합니다. 하지만 하나님 아버지는 그러실 수 없습니다. 왜냐하면 하나님의 보물 1호가 교회이기 때문입니다. 독생자 아들 예수 그리스도의 피 값으로, 성도 한 사람 한 사람을 부르시고 교회를 통해 하나님 나라를 이루어 가십니다. 이렇게 하나님은 당신 아들의 피로 사신 교회를 보살피고 보호하십니다.

- **마태복음 16:18 "내 교회를 세우리니 (음부)의 권세가 이기지 못하리라"**

빌립보 가이사랴 지방에서 "너희는 나를 누구라 하느냐"(15절)라는 예수님의 질문 앞에 베드로는 신앙고백을 해요. "주는 그리스도시요 살아계신 하나님의 아들이십니다"(16절). 예수님은 "네가 복이 있도다"(17절)라고 축복하면서 "베드로의 신앙고백(반석) 위에 내 교회를 세우리니 음부(죽음/지옥)의 권세가 이기지 못하리라"라고 선포하셨습니다.

천주교에서는 베드로의 이름 뜻이 반석이기 때문에, '이 반석 위에'(18절)를 베드로로 해석하고 1대 교황을 베드로로 세웁니다. 베드로 위에 교회를 세우고 천국열쇠를 줘서(마 16:19) 지상에서 그리스도의 역할을 대리하게 했다는 거예요. 그러나 '이 반석 위에 내 교회를 세우겠다'는 것은, 성경적인 바른 신앙고백이 이루어지는 곳에 예수님께서 교회를 세우고 음부의 권세가 이기지 못하도록 보호하신다는 의미입니다. 육신의 정욕이 가득한 인간이 반석이 되어 그 위에 교회를 세운다면, 그 사람이 교회의 주인과 왕이 되어 자신의 왕국을 이룰 거예요. 오직 예수 그리스도를 향한 성경적인 바른 신앙고백이 이루어지는 곳, 그곳에 어떤 연약함이 있어도 주님께서 교회를 세우시고 음부의 권세가 이기지 못하도록 지켜주십니다.

'교회의 영광을 바라보자'라는 것은 우리의 연약함을 정당화하거나 자포자기하는 것이 아닙니다. 오히려 우리의 연약함을 주님 앞에 인정하고 서로 용납하여 그리스도에까지 자라나자라는 거예요(엡 4:15). 지금까지 세 가지 교회의 영광에 대해 살펴봤는데, 가장 소망이 되는 것은 어떤 건가요?

....

....

3. 그럼 난?

교회의 최대의 약점인 사람이, 이제 하나님 나라 일꾼으로 세워집니다. 우리가 교회의 영광을 바라볼 때 모든 지체가 하나 되어 교회의 머리이신 예수님에까지 자라갈 수 있기 때문입니다. 그런 의미로, 에베소서 4장 15-16절을 함께 읽겠습니다.

> "오직 사랑 안에서 참된 것을 하여 범사에 그에게까지 자랄지라 그는 머리니 곧 그리스도라 그에게서 온몸이 각 마디를 통하여 도움을 받음으로 연결되고 결합되어 각 지체의 분량대로 역사하여 그 몸을 자라게 하며 사랑 안에서 스스로 세우느니라"(엡 4:15-16).

마지막으로, "주님, 이런 교회여서 감사하고, 더욱더 이런 교회로 세워지게 하소서!"라고 기도하고, 함께 감사를 나누고 서로 축복함으로 마칩니다.

"주님! (   ) 교회가 (   )는 교회여서 감사하고
더욱더 (   )는 교회로 세워지게 하소서."

암송 마태복음 16:18

포인트 필사

우리 교회 최대의 약점은 바로 나 자신입니다! 어떤 상황에서도 이 사실을 기억하면, 다시 주님 앞에 엎드려 긍휼을 구하게 됩니다. 다시 말씀과 기도, 예배로 은혜가 충만하여 '나 왕'을 이기고 하나님 나라 일꾼으로서 사역하게 됩니다. 그러면 교회의 최대의 약점인 사람이 하나님 나라 일꾼으로 세워집니다. 우리가 교회의 영광을 바라볼 때 모든 지체들이 하나 되어, 교회의 머리이신 예수님에까지 자라갈 수 있기 때문입니다.

"또 내가 네게 이르노니 너는 베드로라 내가 이 반석 위에 내 교회를 세우리니 음부의 권세가 이기지 못하리라"(마 16:18).

포인트 필사 / 따라 쓰기

> 사역반

3
섬김과 나눔

1. 마음 열기

마태복음 16장 18절을 함께 암송합니다.

당신의 손에 10억 원이 있다면 이 돈을 어디에 쓰겠습니까? 이 돈을 가장 가치 있게 쓰는 방법은 무엇이며, 그 이유는 무엇입니까?

오늘은 하나님 나라 일꾼의 가치 있는 삶, 섬김과 나눔에 대해 살펴봅니다.

2. 말씀 속으로

(1) 청지기 정신

성경을 보면 하나님과 우리의 관계에 대한 풍성한 표현들이 나오는데, 그중 하나가 마치 주인과 청지기(종)의 관계처럼 하나님께서 우리를 청지기로 부르셨다는 거예요. 그럼, 말씀에 나오는 청지기의 특징은 무엇일까요?

- 마태복음 25:14 "그 종들을 불러 자기 소유를 (맡김)과 같으니"

어떤 주인이 먼 나라에 가면서 종들에게 각각 달란트를 맡기는 것처럼, 청지기는 주인의 것을 맡은 자입니다.
- 누가복음 12:42 "주인에게 그 집 종들을 맡아 때를 따라 양식을 (나누어) 줄 자가 누구냐"

정리해보면, 청지기는 주인의 것을 맡아서 관리하고 나누는 자입니다. 주인의 것을 맡아서 나누기 위해, 지혜롭게 관리하는 청지기처럼, 우리 모두 하나님의 청지기예요. 하나님께서 우리에게 많은 것들을 맡겨 주시고 가치 있는 곳에 사용하기를 원하십니다. 하나님께서 청지기로서 나에게 맡겨 주신 것들에는 어떤 것이 있을까요?

여러 가지가 있는데 결국 인생 전부를 맡겨 주셨어요. 우리의 삶을 지혜롭게 관리하여 가치 있는 곳에 사용해야 하는데 믿음 관리, 시간 관리, 돈 관리, 건강 관리 중에서 요즈음 관리가 잘되는 부분과 관리가 필요한 부분은 무엇인가요? 함께 나누고 서로 격려합니다.

(2) 하나님의 가치

같은 만 원이라도 어디에 쓰는가에 따라 만 원의 가치가 달라집니다. 만 원으로 게임을 할 수도 있고, 한 끼 식사를 사먹을 수도 있고, 책을 사서 읽을 수도 있습니다. 이처럼 하나님께서도 가치 있게 여기시는 일이 있어요. 그것이 무엇일까요?

- 마가복음 10:45 "도리어 섬기려 하고" - (섬김)입니다.

　예수님께서는 자신이 이 땅에 오신 목적이 섬기기 위해 오셨다고 했습니다. 예수님은 자신을 대속물(우리의 죄를 위해 대신 죗값을 치르는 제물)로 십자가에 죽기까지 섬기셨습니다.

- 요한복음 12:24 "죽으면 많은 열매를 맺느리라" - (나눔)입니다.

　예수님께서는 한 알의 밀알처럼 자신의 생명을 나누어 많은 영혼을 구원하셨습니다. 하나님께서 가치 있게 여기시는 일은, 섬김과 나눔을 통해 찾는 한 영혼을 구원하는 것이고, 예수님은 이러한 섬김과 나눔의 본을 보여 주셨습니다.

그럼 예수님은 구체적으로 어떻게 섬기고 나누셨나요?
- 빌립보서 2:6-8 "오히려 자기를 비워"(7절), "사람의 모양으로 나타나사 자기를 낮추시고"(8절) - (비움)과 (낮춤)으로 섬기셨다.

 예수님은 섬기기 위해 성자 하나님으로서 하나님과 동등한 영광을 취하지 않고 자기를 비우고 사람의 모양으로 나타나사 자기를 낮추고 십자가에 죽기까지 복종하며 섬기셨습니다. 우리도 예수님처럼, 찾는 한 영혼을 섬기고 복음을 전하기 위해서 비움과 낮춤이 필요합니다.

 비움과 낮춤의 섬김은 반드시 '굳이'로 나타나요. 굳이 이 땅에 안 오셔도 되는데 사랑해서 예수님이 오셨고, 굳이 제자들의 발을 씻어 주지 않아도 되는데 씻어 주셨고, 굳이 삭개오를, 굳이 또 다른 찾는 한 영혼을 찾아가신 것처럼, 오늘 우리에게도 굳이 안 해도 되는데 연락하고, 메시지를 보내고, 기도하고, 작은 선물을 사고는 등 비움과 낮춤으로 섬기는 '굳이'의 모습이 필요합니다.

- 누가복음 22:17-19 "이것을 갖다가 너희끼리 나누라"(17절), "떼어 그들에게 주시며"(19절) - (실제로) 나누셨다.

 예수님은 말로만이 아니라 실제로 자신의 생명을 나누셨어요. 십자가를 지시기 전에 성만찬에서 찢기신 몸을 기념하는 빵을 떼어 나누어 주시고, 흘리신 피를 기념하는 잔을 나누라고 하셨습니다. 어떤 구호나 사상과 이론만으로 유토피아를 이루겠다는 사람들과는 다르게, 예수님은 실제로 자신의 생명을 나누셨습니다. 이처럼 우리도 찾는 한 영혼에게 복음을 전하기 위해 작은 것에서부터 실제로 나누어 주는 것이 필요해요. 내가 받으면서 복음을 전할 수 없습니다.

(3) 두 종류의 인생

두 종류의 인생이 있어요. 하나님께 대하여 부요한 인생과 반대로 부요하지 못한 인생입니다. 누가복음 12장을 보면, 두 종류의 인생이 나오는데요. 말씀을 통해 살펴봅니다.

- **누가복음 12:16-21** 한 부자가 있는데, 밭에 소출이 풍성해서 곳간을 헐고 더 크게 짓고 쌓아 둡니다. '이제는 평안히 쉬자'라고 하는데 하나님께서 "오늘 밤 네 영혼을 도로 찾으리니 그러면 네 준비한 것이 누구의 것이 되겠느냐?"라고 하십니다. 자기를 위해 재물을 쌓아 두고 하나님께 대하여 (부요)하지 못한 인생입니다.

  "부자야. 나 하나님인데, 너에게 맡겨진 재물, 곡식, 너의 인생이 누구 거니? 내 것이지? 너의 인생의 주인이 누구니? 나지? 그러니 너에게 맡긴 인생 전부를 내가 도로 찾아가겠다." "네 영혼을 도로 찾으리니"(20절)라고 했습니다. 육체적 죽음은 원래의 주인에게, 우리의 모든 인생이 돌아가는 것입니다. 부자는 자신에게 맡겨진 인생, 재물, 곡식이 자신의 것인 줄로만 알고 살았어요 '나 왕'으로 살다가 하나님 앞에 서게 됩니다. 청지기로서 맡겨진 삶을 관리하여 나누지 않았기에, 부자였지만 하나님께 대하여 부요하지 못한 인생을 살아갑니다.

- **누가복음 12:31-34** 두 번째 인생은 하나님께 대하여 (부요한) 인생

  먼저 하나님 나라를 구하고 구제하며 섬김과 나눔의 삶을 살아갑니다. 33절에 나오는, 소유를 팔아 낡아지지 않는 배낭, 하늘에 둔 바 다함이 없는 보물을 구하라는 말씀! 나의 삶의 주인과 왕을 예수 그리스도로 바꾸고 세상 나라 방식을 버리고 하나님 나라 방식으로 살아가는 제자의 모습입니다. 오늘 우리가 주님을 따르는 제자입니다.

  부자지만 하나님께 대하여 부요하지 못한 자, 가난하면서 하나님께 대하여 부요하지 못한 자, 그리고 가난하지만 하나님께 대하여 부요한 자, 부자면서 하나님께 대하여 부요한 자. 이 중에서 어떤 삶

을 살길 원하세요? 중요한 것은 우리의 중심이에요. 정말로 청지기 중심(마음)으로 살아가느냐 하는 것입니다.

어떤 사람이 예수님을 믿고 신앙생활을 시작했는데, 형편이 너무 어려운 거예요. 그런데 하나님께서 우리를 청지기로 부르셨다는 것을 알고 작은 것에서부터 영혼 구원을 위해 섬김과 나눔의 삶을 살기 시작했어요. 그랬더니 하나님께서 복을 주셔서 풍성해지기 시작합니다. 그래서 **하나님이 주신 복을 지혜롭게 관리하여 예수님께서 찾는 한 영혼을 위해 섬기고 나눕니다.** 그리고 또 가난해지는 거예요. 하나님께서 또다시 채워 주시고 또 관리하고 섬기고 나눕니다. 이러한 거룩한 낭비 그리고 거룩한 채워 주심 또다시 지혜롭게 관리하여 섬기고 나누는 것, 이것이 하나님께 대하여 부요한 인생으로 살아가는 자들의 즐거움입니다.

두 종류의 인생을 보면서 어떤 마음이 드나요? 또 거룩한 낭비와 거룩한 채워 주심의 경험이 있다면 나누어 볼게요.

3. 그럼 난?

축복의 통로는 무엇일까요? 하나님이 찾으시는 한 영혼을 예수님께 인도하고 예수님에게까지 자라나도록 (섬김)과 (나눔)의 삶을 사는 사람입니다.

우리 모두는 청지기로서, 하나님께서 나에게 맡겨 주신 모든 것들을 통해 가치 있게 섬기고 나눌 수 있습니다. 나는 하나님이 찾으시는 한 영혼을 구체적으로 어떻게 섬기고 나누며 살 수 있을까요? 이를 위해, 실제로 작은 것에서부터 무엇을 나누고 섬길 것인지 함께 이야기하고 서로를 축복하며 마칩니다.

암송 마가복음 10:45; 요한복음 12:24

포인트 필사

우리는 하나님의 청지기로서 하나님이 찾으시는 한 영혼을 구원하기 위해 섬김과 나눔의 삶을 살아갑니다. 이를 위해서 거룩한 낭비를 할 때 거룩한 채워 주심을 경험하고, 채움받은 것을 또다시 지혜롭게 관리하여 섬김과 나눔을 반복하는 것, 이것이 하나님께 대하여 부요한 인생으로 살아가는 자들의 즐거움입니다.

"인자가 온 것은 섬김을 받으려 함이 아니라 도리어 섬기려 하고 자기 목숨을 많은 사람의 대속물로 주려 함이니라"(막 10:45).

"내가 진실로 진실로 너희에게 이르노니 한 알의 밀이 땅에 떨어져 죽지 아니하면 한 알 그대로 있고 죽으면 많은 열매를 맺느니라"(요 12:24).

포인트 필사 / 따라 쓰기

사역반

4 드리는 삶

1. 마음 열기

마가복음 10장 45절과 요한복음 12장 24절을 함께 암송합니다.
지난주 청지기는 '주인의 것을 맡아서 관리하고 나누는 자'라고 했는데요. 그러면 내가 바른 청지기인 것을 확실하게 나타내는 것은 무엇일까요?

"네 보물(돈) 있는 그곳에는 네 마음도 있느니라"(마 6:21).

바로, 돈입니다. 하나님께서 우리에게 맡겨 주신 것들이 많이 있는데 그중에서 우리가 돈을 어떻게 관리하고 어디에 사용하는지를 보면 바른 청지기인지 아닌지 알 수 있어요. 그래서 오늘은 드리는 삶인 헌금 사역에 대해 살펴보겠습니다.

2. 말씀 속으로

(1) 헌금은 삶의 (전부)다

마가복음 12장 41-44절을 읽어 봅시다. 충격적인 내용이 나옵니다. 예수님께서 헌금함을 대하여 앉으사 무리가 어떻게 돈 넣는가를 보고 계십니다. 당시 예루살렘 성전에는 13개의 헌금함(연보궤)이 목적에 따라 있었는데, 예수님께서 성전의 구조상 헌금함 맞은 쪽에서 사람들이 어떻게 돈을 넣는가를 보고 계십니다.

예수님께서 돈을 밝히시는 건가요? 신약성경 안에 재정과 청지기직에 대한 구절이 구원과 믿음에 대한 구절보다 열 배가 더 많습니다. 사복음서에 나오는 예수님의 38개의 비유 중에서 16개가 돈을 다루고 있습니다. 예수님은 돈을 밝히시는 것이 아니라, 돈을 중요하게 다루셨습니다. 왜냐하면 마태복음 6장 21절에 나온 것처럼 돈은 우리의 마음을 보여 주는 지표가 되니까요. 그래서 하나님이 공급해 주시는 재정으로 드리는 헌금 생활이 신앙생활의 100퍼센트까지는 아니지만, 90퍼센트 이상은 보여줍니다.

- 이처럼 부자와 과부 모두 헌금을 드렸는데요, 예수님의 평가는 어떻게 달랐나요?

"여러 부자는 (많이) 넣는데(41절), 부자들은 돈이 많으니까 그저 그 풍족한 중에서(44절) 일부를 넣었다. 이 가난한 과부는 헌금함에 넣은 모든 사람보다 많이 넣었도다(43절), 가난한 중에서 자기의 모든 소유 곧 생활비 (전부)를 넣었느니라(44절)".

사실 과부가 넣은 헌금 두 렙돈 곧 한 고드란트(42절)는 헬라와 로마시대에 가장 낮은 화폐단위였어요. 당시에 노동자 하루 일당인 한 데나리온의 64분의 1 정도 되었습니다. 요즘으로 생각하면, 하루 일당을 10만 원으로 볼 때 1,562원 정도입니다. 그런데 예수님께서는 과부가 모든 사람보다 많이 넣었다고 하셨어요. 헌금이 단순한 돈이 아니라 '삶의 전부'라는 거예요.

　하나님께서 우리를 청지기로 부르시고 인생 전부를 맡겨 주셨어요. 이 사실을 감사로 인정하고 "나에게 삶의 전부를 맡겨 주신 하나님께 감사로 삶의 전부를 드립니다"를 표현하는 것이 헌금입니다. 헌금이 삶의 전부를 표현하는 것임을 과부를 통해 배우게 됩니다.

- **부자와 적선하는 것의 공통점은 무엇인가요?**

　(계획)하지 않고 전부가 아니라 (일부)를 드린 것입니다. 적선할 때, 어떤 지하철역 몇 번 출구 몇 시에 가면 노숙자분이 있으니 미리 봉투에 담아서 드리자 하는 사람은 없죠. 그냥 지나가다가 계획하지 않고 주머니에 있는 일부 금액을 적선해요. 마찬가지로, 부자도 헌금함에 미리 계획하고 드리기보다는, 돈이 많으니 그 자리에서 풍족한 중에 일부를 드립니다. 과부와는 다르죠!

　'우리도 과부처럼 꼭 두 렙돈 곧 한 고드란트 혹은 현재 시세로 1,562원을 드리자. 그것이 진정한 헌금이다!'가 아니라, 나에게 삶의 전부를 맡겨 주신 하나님께 삶의 전부를 표현하는 것으로 헌금을 드리기 원해요. 이를 위해서는, 미리 계획하고 준비해서 드려야 합니다. 헌금 봉투를 미리 준비해서 기도와 감사의 고백을 적으면서 준비할 수도 있고, 때로는 온라인 헌금을 드릴 때도 반드시 '삶의 전부를 드립니다'라는 고백으로 먼저 기도로 준비하고 드릴 수 있습니다.

　그렇다면 헌금을 삶의 전부로 드리기 위해서는 어떤 계획과 준비가 필요할까요? 함께 나누고 서로를 축복합니다.

(2) 헌금은 삶의 (고백)이다

　이사야 1장 11-17절을 보면, 당시에 이스라엘 백성들이 드린 제물(헌금)

과 예배에 대한 하나님의 마음이 나옵니다.

- 11절 - (기뻐)하지 아니하노라: 예수님께서 이 땅에 오시기 전에는 소, 양, 염소를 잡아서 피를 뿌리고 제물로 드렸어요. 이때 나오는 기름은 하나님께 최고의 것을 드린다라는 의미로 드렸는데, 이러한 무수한 제물과 피를 하나님께서 기뻐하지 않으셨습니다.
- 12절 - 내 (마당)만 밟을 뿐이니라: 형식적으로 보이기 위해서만 드리는 제물과 예배에 대해 하나님은 '내 마당만 밟을 뿐'이라고 하십니다. 오늘날로 생각해 보면, 교회 현관문에 들어와서 헌금만 드리고, '나는 헌금과 예배를 드렸다'라고 하는 모습과 비슷해요. 마음 없이 형식적으로 보이기 위한 모습이에요.
- 13절 - 내가 (견디지) 못하겠노라: 이제 헛된 제물을 다시 가져오지 말라고 하십니다. 분향, 월삭, 안식일, 대회, 성회는 당시의 다양한 모임을 의미해요. 요즘으로 생각해 보면, 주일 낮예배, 저녁예배, 수요예배, 금요예배, 기도회 등 다양한 예배와 드려진 제물을 견디지 못하겠다는 것입니다.
- 14절 - 내게 (무거운) 짐이라 내기 지기에 지쳤다(곤비): 누군가 선물을 주었을 때 그것이 마음에 짐이 되는 것처럼, 당시에 드려진 헌금과 예배가 하나님께 무거운 짐이 되었고 하나님을 지치게 했다는 거예요.

그럼, 하나님께서 왜 이런 반응을 보이셨을까요? 13절을 보면, 성회와 아울러 (악)을 행했기 때문입니다. 삶의 고백으로 헌금과 예배가 드려져야 하는데, 헌금만 드리고 삶에서는 악을 행했습니다. 삶의 고백으로 드려지는 헌금과 예배가 아니라, (습관적)으로 마음 없이 드려지는 (의식)이 되었습니다.

그래서 하나님께서 "너희의 손에 피가 가득하다 너희의 기도를 듣지 않아"(15절), "너희는 악한 행실을 버리라"(16절), "선행과 정의를 행하고 고아와 과부, 억울한 사람을 도와주라"(17절), "오라. 우리가 서로 변론하자. 너희 죄가 주홍 같고 진홍 같을지라도 눈과 양털같이 희게 되리라"(18절), "너희가 즐겨 순종하면 땅의 아름다운 소산을 먹겠지만 거절하면 칼에 삼켜지리라"(19-20절) 하고 말씀하셨습니다.

예배와 헌금의 수준이 삶의 수준입니다. 하나님께서 받으시는 예배와 헌금을 드림으로, 순종하여 하나님 나라를 이루어 가는 복된 삶을 누립니다. 그리고 또다시 삶의 고백으로 중심을 다하여 예배와 헌금을 드립니다. 그러나 습관과 형식적으로 드리는 예배와 헌금은, 불순종하고 악을 행하여 하나님께 징계를 받는 삶으로 연결됩니다. 그리고 또다시 삶의 고백 없이 습관적으로 예배와 헌금을 드립니다.

감사한 것은, 하나님께서는 항상 (오라!) 하신다는 것입니다. 악을 행하는 삶을 살았을지라도, (회개)의 고백을 담은 헌금과 예배를 드릴 때 회복시켜 주십니다. 이처럼 헌금은 삶의 고백입니다. 요즈음, 어떤 삶의 고백으로 헌금과 예배를 드리나요? 함께 나누며 서로에게 위로와 도전이 되길 소망합니다.

(3) 십일조는 복된 하나님 나라 방식이다.

십일조가 무엇이라고 생각하나요? 보통은 '수입의 10분의 1을 드리면 하나님께서 복을 주신다'라고 알고 있어요. 그런데 십일조를 이러한 10분의 1 형식으로만 알고 있다 보니, 주식투자형 십일조, 주문처럼 드리는 십일조, 십일조뿐만 아니라 헌금 생활 자체에 대해 상처가 있는 모습 등 여러 가지 부작용이 있습니다. 그래서 우리는 십일조의 10분의 1이라는 형식 이전에, 십일조의 중심에 대해 알아야 합니다.

'십일조를 어떤 중심으로 드려야 하는가?'에 대해 고민해 본 적이 있나요? 신앙생활에 너무 중요한 복된 고민인데요. 말라기를 통해 함께 살펴볼게요. 먼저, 말라기 3장 7-12절을 읽어 봅시다.

- **십일조의 중심**
  - '(하나님)은 나의 삶의 주인과 왕이다'라는 중심으로 드립니다.

    말라기에 반복되는 말씀이 있는데 '만군의 여호와'입니다. "만군의 여호와가 이르노라"(3:1), "만군의 여호와가 이르노라"(3:7), "만군의 여호와가 이르노라"(3:10), "만군의 여호와가 이르노라"(3:11), "만군의 여호와가 이르노라"(3:17)입니다. 3장에만 다섯 번이나 나옵니다.

    십일조는 단순히 요술방망이처럼, 하나님을 상대로 10의 1을 투자하면 대박난다는 요행을 바라는 것이 아니에요. 만군("온 세상의 임금")의 여호와 하나님께서, 세상을 창조하고 다스리시는 주인과 왕이라는 중심과 믿음으로 요행이 아니라 복종함으로 십일조를 드립니다.

  - '왕이신 하나님은 (복)의 근원이시다'라는 중심으로 드립니다.

    성군도 있지만, 보통 왕이나 황제들은 백성들의 것을 빼앗아 갑니다. 황실을 유지하기 위해 여러 가지 세금으로 빼앗고, 전쟁한다고 빼앗아 갑니다. 그런데 왕이신 하나님은 오히려 빼앗아 가지 않고 복을 주시는 복의 근원이십니다.

    하나님을 마치 우리의 월급 100만 원 중에 10만 원 십일조를 빼앗아먹지 못해서 안달이 난 폭군으로 생각하는 경우도 있어요. 말이 안 되죠. 하나님이 그렇게 쪼잔한 분인가요? "예수 믿으면 나라에 세금 내는 것처럼 하나님께 십일조 세금 내야 한대. 빼먹으면 하나님의 것 도둑질했다고 저주받는대." 이런 이야기가 심심치 않게 들립니다.

    시편 50편 11-12절을 보면 "산의 모든 새들도 내가 다 알고 땅의 모든 짐승도 내 것이다 내가 배가 고프다고 해서 너희에게 소, 양,

염소를 제물로 바쳐라, 십일조 바쳐라 하겠느냐? 온 세상이 다 내 것이다"라고 하십니다. 하나님은 쪼잔한 분이 아닙니다. 오히려 우리에게 복 주시는 복의 근원입니다. 오늘도 우리에게 인생 전부를 맡겨 주시는 복의 근원입니다. 그래서 십일조를 드릴 때, '왕이신 하나님은 복의 근원이시다'라는 중심과 믿음으로 드립니다.

- **'(하나님) 나라를 이루어가도록 복 주신다'라는 중심으로 드립니다.**

하나님께서 이스라엘을 하나님 나라 백성으로 부르시고 하나님 나라를 이루어 갈 땅으로 가나안 땅을 주셨어요. 그리고 하나님의 주권(모든 삶에 주인 되심을 인정하는)을 인정하는 표현으로 율법(하나님 나라 헌법)에 순종할 때, 이른 비와 늦은 비를 통해 복을 주셔서 가나안 땅이 젖과 꿀이 흐르는 축복의 땅이 되게 하셨습니다.

이처럼 오늘 우리를 하나님 나라 백성으로 부르시고 가정, 일터, 교회, 온 세상이란 삶의 영역(땅)에 하나님의 주권을 인정하고 순종할 때, 복을 주셔서 하나님 나라를 이루어가게 하셨습니다. 그래서 십일조를 드릴 때는 하나님 나라를 이루어 가도록 복을 주신다는 중심과 믿음으로 드립니다.

말라기 3장 10절에 의하면, 온전한 십일조는 단순히 100만 원 중에 10만 원만 의미하는 것이 아닙니다. 우리의 모든 삶의 방식이 하나님 나라 방식으로 구별되어 한 달을 살아가는 거예요. 마음, 생각, 언어, 부부관계, 가정, 일터, 교회 등 모든 삶에서 하나님이 주인 되심을 순종으로 표현하며 한 달을 살고 그렇게 하나님 나라를 이루며 살도록 복 주심에 감사하여 10분의 1을 구별하여 드리는 것입니다.

동시에 새로운 한 달도 그렇게 하나님 나라를 이루며 살도록 복 주실 것을 믿고 드립니다.

그래서 말라기 3장 10절 "나를 시험하여 쌓을 곳이 없도록 복을 붓지 아니하나 보라"라는 말씀에서, 복은 경제적인 복을 포함하여 모든 삶에 하나님 나라를 이루어가도록 복 주시는 것을 의미합니다. 어떤 달은 경제적으로 복을 주시기도 하지만, 때로는 부부관계에, 때로는 마음과 생각에 복을 주셔서 하나님 나라를 이루어가게 하십니다.

말라기 3장 11-12절을 보면 온전한 십일조를 드릴 때 하나님께서 복 주시는 모습이 나오는데, 메뚜기를 금지하여 토지 소산과 열매에 대한 복(11절), 그리고 모든 삶의 방식이 하나님 나라 방식으로 구별되어 살아가는 그들의 땅이 아름다워지므로 모든 이방인이 복되다 하리라고 하십니다(12절).

"이스라엘 백성들을 보면, 결혼하는 방식이 우리랑 다르고 돈을 벌고 쓰는 방식이 우리랑 다르네. 추수할 때 떨어진 열매는 가난한 자들을 위해 그냥 두라고 했대. 무엇인가 우리랑 달라 왜 그렇지? 저들이 섬기는 여호와 하나님 때문에 그렇대. 야, 참 보기 좋다. 행복해 보인다."

이처럼 십일조는 '하나님 나라를 이루어가도록 복 주신다'는 중심과 믿음으로 드립니다.

- '복된 하나님 나라 방식으로 (돌아간다)'라는 중심으로 드립니다.

하나님께서 이스라엘 백성들에게 돌아오라고 하실 때, 이스라엘 백성들은 돌아가려면 무엇을 해야 하느냐고 질문합니다(말 3:7-8). 그때 하나님께서 하나님의 것을 도둑질했다고 하시면서 십일조의 회복에 대해 말씀하십니다(말 3:8-9). 맞습니다. 하나님께 돌아가는 것은 십일조의 회복을 통해 이루어집니다. 복된 하나님 나라 방식으로 돌아가는 것입니다. 현실적으로 오늘날 주야간 근무하여 얻은 수입 100만 원 중에 10만 원 십일조 드리지 않았다고 해서 저주하시는 하나님이 아닙니다.

'나 왕'으로 우상을 의지하며 살았던 세상 나라 방식을 버리라는 거예요. 모든 삶에 하나님의 주권을 인정하며 순종하라는 거예요. 그래서 모든 삶을 하나님 나라 방식으로 구별되어 살아가라는 것입니다. 그리고 그렇게 하나님 나라를 이루어 가도록 복 주시는 하나님을 누리며 전하라는 것입니다. 그래서 십일조는 단순한 문제가 아닙니다. 십일조는 복된 하나님 나라 삶의 방식 그 자체입니다.

- **십일조의 형식**

앞서 살펴본 것처럼, 십일조의 중심을 10분의 1의 형식으로 표현합니다. "십일조의 중심이 중요하다고 했지? 그래, 하나님은 중심을 보신다고 했어. 그러니 나는 십일조의 중심을 마음으로만 드려야겠다." 아닙니다. 십일조의 복된 중심을 10의 1의 형식으로 믿음을 표현하며 드려야 합니다.

십일조에 대해 살펴보면서, 가장 도전이 되는 내용은 무엇인가요? 함께 나눕니다.

....
....
....

3. 그럼 난?

하나님 나라 일꾼으로서, 헌금은 중요한 (사역)입니다. 하나님께 드려진 헌금은 신구약 성경을 통해서 볼 때, 구제(어려운 이웃을 섬김), 선교와 전도

(믿음과 재정이 동시에 필요), 성전 수리비(교회에 필요한 공과금 및 유지비용), 제사장사례금(목회자사례금)으로 사용되었습니다. 우리는 헌금을 삶의 전부로, 삶의 고백으로, 특히 십일조는 복된 하나님 나라 방식으로 드려야 합니다. 처음부터 온전할 수는 없지만, 이번 기회를 통해 드리는 삶이 새롭게 시작되길 원합니다.

지금까지 나의 헌금 생활은 어떠했나요? 그리고 앞으로 헌금 생활을 어떻게 할 것인지 함께 나누고 서로를 축복하며 마칩니다.

암송 마태복음 6:24

포인트 필사

하나님을 예배하고 돈을 지혜롭게 사용하고 이웃을 사랑하십시오. 물질은 섬김의 대상이 아니라, 우리의 삶의 도구입니다.

"한 사람이 두 주인을 섬기지 못할 것이니 혹 이를 미워하고 저를 사랑하거나 혹 이를 중히 여기고 저를 경히 여김이라 너희가 하나님과 재물을 겸하여 섬기지 못하느니라"(마 6:24).

포인트 필사 / 따라 쓰기

사역반

5
건강한 교회
건강한 방향

1. 마음 열기

마태복음 6장 24절을 함께 암송합니다.

건강한 몸과 약한 몸의 차이는 무엇일까요? 먼저, 몸집이 크냐, 작으냐로 생각할 수 있어요. 그리고 자세히 보면, 몸의 각 지체(부분)가 서로 연결되어 머리의 뜻을 따라 각자의 기능을 행하는 몸이 건강한 몸이에요.

건강한 교회도 마찬가지예요. 예수님의 몸 된 교회의 각 지체(성도)들이 서로 연결되어 머리 되신 (예수님)의 뜻을 따라 각자의 기능을 행하는 교회가 건강한 교회입니다. 그리고 건강한 교회는 성경이 제시하는 건강한 방향을 따라 끊임없이 나아가기 때문에, 성장하고 성숙하여 하나님 나라를 이 땅에 드러내는 복을 흘려보냅니다.

오늘은 건강한 교회 건강한 방향에 대해 살펴볼게요.

2. 말씀 속으로

(1) 하나님이 기뻐하시는 건강한 교회는 어떤 모습일까요?

- 독재자에 이끌려 가는 교회
- 민주주의를 통하여 정당한 의견 결정에 따라 움직이는 교회
- 지체의식(한 몸)을 갖고 예수님에게까지 자라가며 사역하는 교회

맞습니다. 세 번째 교회입니다. 그런데 세 번째 교회로 나아가는 과정에서 항상은 아니지만 첫 번째, 두 번째 교회의 모습으로 세워질 때도 있습니다.

첫 번째 교회는 교회가 위기에 있을 때 목회자가 강한 리더십으로 섬길 때가 이런 경우예요. 하나님께서 모세를 통해 이스라엘 백성들을 이집트에서 가나안 땅으로 인도하신 것처럼, 하나님의 통치 안에서 목회자가 강한 리더십으로 교회의 위기를 돌파하는 경우입니다.

두 번째 교회는 교회 안에 중요하게 결정할 문제가 있을 때, 함께 기도하면서 서로 다른 의견을 조율하고 합의하는 것입니다. 이때 다수결로 의결하는 경우도 있는데, 진리를 벗어나지 않는 범위 안에서 이루어져야 합니다.

결국, 하나님이 기뻐하시는 건강한 교회는, 지체의식을 갖고 예수님에게까지 자라가며 사역하는 교회입니다. 하나님 나라 일꾼으로서 섬기는 교회를 볼 때, '우리 교회가 세 번째 교회의 모습으로, 건강한 교회로 세워지고 있구나!'라는 것을 느낄 때가 언제인가요?

(2) 하나님이 기뻐하시는 건강한 교회의 건강한 방향은 어떤 모습일까요?
- 목표: 예수님에게까지 (자라가라)
   에베소서 4장 15절을 함께 읽어 봅니다.

"오직 사랑 안에서 참된 것을 하여 범사에 그에게까지 자랄지라 그는 머리니 곧 그리스도라"(엡 4:15).

첫 번째 건강한 방향은 신앙생활의 목표가 예수님에게까지 자라가라는 것입니다. 그리스도인들은 예수님을 사랑한다고 해요. 그러나 예수님에게까지 자라가라는 말을 들으면 부담스러워합니다. 왜 그럴까요?

이렇게 부담스러워하는 이유는, 우리가 등산할 때 정상 아래 등산로에서 정상을 바라보는 것과 비슷해요. "아, 저 꼭대기까지 어떻게 올라가지? 너무 높다. 아, 저렇게 높고 거룩하신 예수님에게까지 어떻게 자라가지? 너무 높다. 너무 부담스럽다…."

그런데 등산을 할 때 다른 방법도 있어요. 등산팀 대장이 대원들을 헬리콥터에 태워서 하늘로 올라갑니다. 하늘에서 아래를 내려다보면서 설명을 해요. "자, 여기 아래 정상이 보이시죠? 야, 벌써 우리는 정상에 올라왔네요. 이제 정상 아래 등산로로 내려가서 1코스, 2코스, 3코스를 통해서 지금 보이는 정상까지 올라올 거예요."

이처럼, 우리가 예수님에게까지 자라간다는 것은, 이미 하늘에서 정상을 보는 것과 비슷해요. 로마서 8장 30절을 읽어 볼까요?

로마서 8장 30절은 우리가 예수님을 믿음으로 구원의 선물을 받을 때 예정(하나님 자녀로 창세 전에 미리 정하심), 부르심(소명, 하나님 자녀로 부르심), 칭의(의롭다 칭하여 주심), 성화(거룩하게 예수 그리스도를 닮아 감), 영화(재림의 날에 영광스러운 부활의 몸으로 변화됨)를 한번에 그리스도 안에서 주셔서 평생을 통해 누리게 하신다는 거예요. 등산팀 대장이 대원들에게 하늘에서 정상과 코스를 한꺼번에 보여 준 후에, 등산로에서 동행하면서 정상을 향해 올라가는 것처럼 예수님 안에서 우리는 구원의 선물을 한번에 은혜로 받았습니다.

그리고 예수님은 우리 평생에 동행하시면서 구원의 선물을 누리며 예수님에게까지 자라가게 하십니다. 그렇기에 예수님에게까지 자라가는 것은 부담스러운 일이 아니라, 구원받은 자의 (특권)입니다. 예수님에게까지 자라가라는 목표를 건강한 방향으로 바라보지 않는 교회는, 형통할 때 그리고 반대로 위기의 때에 어떻게 될까요? 함께 나눠 봅시다.

만약 하나님께서 우리에게 "예수님에게까지 자라가는 목표가 어렵고 부담스럽지? 그럼 하고 싶은 대로 신앙생활해라. 편하게 부담없이, 원수까지 사랑하지 말고 사랑하고 싶은 사람만 사랑해. 항상 기뻐하지 말고 기뻐하고 싶을 때만 기뻐해. 예배, 기도, 순종도 다 하고 싶을 때만 하고 신앙생활의 목표도 자라나고 싶은 데까지만 자라나라. 그냥 편하게 해라." 정말 이렇게 되면 신앙생활이 편할까요? 오히려 혼란스럽기만 할 거예요.

그래서 건강한 교회는 무슨 일을 만나든지 예수님에까지 자라가라는 목표를 건강한 방향으로 바라보며 계속해서 자라갑니다.

- **제자의 삶: 내가 제자라고요?**

> "바나바는 착한 사람이요 성령과 믿음이 충만한 사람이라 이에 큰 무리가 주께 더하여지더라 바나바가 사울을 찾으러 다소에 가서 만나매 안디옥에 데리고 와서 둘이 교회에 일 년간 모여 있어 큰 무리를 가르쳤고 제자들이 안디옥에서 비로소 그리스도인이라 일컬음을 받게 되었더라"(행 11:24-26).

두 번째 건강한 방향은 (제자)의 삶입니다. 교회 안에서나 교회 밖에서나 우리는 제자의 삶을 살아갑니다. 사복음서를 보면, 예수님 당시에는 무리와 제자들의 구분이 있었어요. 그런데 예수님께서 승천하시고 오순절 성령 강림 사건을 경험한 후에, 초대교회가 세워지면서 이 구분이 사라져요. 구원받은 그리스도인은 모두가 제자라는 의식이 생깁니다.

바나바는 사울을 데리고 안디옥으로 와서 함께 동역합니다. 1년간 모여 있어 큰 무리를 가르쳤는데, 이 무리들, 바로 제자들이 비로소 '그리스도인'이라는 호칭으로 불리게 됩니다. 그리스도인(크리스천)은 '예수님께 속한 자', '예수님을 닮아가고 따라가고 쫓아가는 자'입니다. 안디옥 지역의 이웃들이 볼 때, "저 안디옥 교회 사람들 몇 년 전에 죽었다가 다시 살아났다는 나사렛 예수를 따른대. 그런데 정말 예수라는 자와 비슷하게 살아가네. 아, 그리스도께 속한 그리스도인이구먼."

놀라운 사실은, 성경에 그리스도인이라는 표현보다는 제자와 관련된 '자라나는 자', '온전하게 되는 자', '장성한 분량에 이르는 자'가 훨씬 더 많이 나온다는 것입니다. 바로, 무리와 제자들의 구분이 사라지고 '구원받은 그리스도인은 모두가 다 제자다'라는 의식이 생깁니다. 이처럼, **건강한 교회는 제자의 삶이라는 건강한 방향이 있어요. 목회자 장로까지만 제자가 아니라 모든 성도가 그리스도인이며 제자예요. 교회 안에서나 밖에서나 제자의 삶을 살아갑니다.**

직장에서 보통 이런 이야기를 들을 수 있을 거예요. "요즘 A씨 교회 다닌대. A교회 교인이래. 그런데 우리 부서에 B도 B교회 다니는데 성도래." "그래? 내 옆에 C씨도 C교회 다니는데 집사, 장로라나? 나는 잘 모르겠는데. 성도랑 다른 거 뭐가 있다 하던데?"

우리의 이웃들이 예수 믿는 사람들을 생각할 때에, 나름대로 등급을 정하는 것 같습니다. 교인-성도-집사-장로…. 안타까운 것은 안디옥 교회처럼 제자의 의미를 담고 있는 그리스도인이라는 호칭이 잘 불려지지 않는다는 거예요. 저와 여러분은 교회 밖에 있는 이웃들에게 어떤 호칭으로 불리고 있나요?

잊지 마세요. 구원받은 모든 그리스도인은 제자입니다. 때로는 연약한 제자로 주님을 따를 때가 있어요. 때로는 낙심한 제자로, 다시 시작하는 제자로, 충만한 제자로…. 우리의 삶의 모습이 어떠하든지 그 결론은 '제자'입니다. 그럴 때 우리는 다시 삶의 기준을 찾고 주님을 따르게 됩니다.

마치 밤바다에 밝은 등대가 항해하는 배에게 기준을 제시하는 것처럼 건강한 교회는 '제자의 삶'이라는 건강한 방향을 향해 믿음의 항해를 멈추지 않습니다.

나는 요즈음 어떤 제자로 주님을 따르고 있나요? 함께 나누고 서로를 격려합니다.

- 직분: 내가 사역자라고요?

"그가 어떤 사도로, 어떤 사람은 선지자로, 어떤 사람은 복음 전하는 자로, 어떤 사람은 목사와 교사로 삼으셨으니 이는 성도를 온전하게 하여 봉사의 일을 하게 하며 그리스도의 몸을 세우려 하심이라…그에게서 온몸이 각 마디를 통하여 도움을 받음으로 연결되고 결합되니 각 지체의 분량대로 역사하여 그 몸을 자라게 하며 사랑 안에서 스스로 세우느니라"(엡 4:11-12, 16).

세 번째 건강한 방향은 목회자만 사역자가 아니라, 모든 성도가 직분을 맡은 (사역자)라는 방향입니다.

교회 안에는 어떤 계급이 있나요? 질문 자체가 함정입니다. 교회 안에는 계급이 없고 직분만 있어요. 만약 계급이 있다면 목사 대장, 장로 병장, 집사 삼등병, 성도 훈련병 이렇게 되는 건가요? 말이 안 되죠. 목사, 장로, 집사, 권사, 성도 모두가 은사를 따라 직분을 맡아서 섬기는 사역자입니다. 물론 믿음의 분량과 헌신의 차이가 있을 수 있지만, 모두가 사역자입니다.

에베소서 4장 11-12절을 보면, 목사는 성도를 (온전하게) 하는 사역 즉, 말씀으로 가르치고 양육하는 사역을 합니다. 그리고 성도는 양육을 받고 은사를 따라 (봉사하는) 사역을 합니다. 이러한 사역을 통해서 그리스도의 몸인 교회가 세워집니다.

에베소서 4장 16절은 건강한 교회는 모두가 사역자라는 건강한 방향으로 서로 연결되고 사역함으로 세워지는 것을 보여 줍니다. 그런데 중요한 부분이 있어요. "각 지체의 분량대로 역사하여"입니다. 모두가 사역자지만 지체로서 서로의 분량과 믿음의 차이를 존중하며 인정해야 함을 보여 줍니다. '저 사람은 왜 저렇게밖에 못 할까?'가 아니라, 주님의 긍휼 안에서 서로의 차이를 용납하며 함께 동역해야 합니다.

목회자만 사역자로서 섬기는 교회와 모든 성도가 사역자라는 건강한 방향으로 섬기는 교회는 어떤 모습이 다를까요? 함께 나눕니다.

3. 그럼 난?

건강한 교회의 건강한 방향에 대해 살펴봤습니다. 하나님 나라 일꾼으로서 우리는 어떤 교회를 꿈꾸는가가 중요해요. 교회가 크다고 해서, 반대로 교회가 작다고 해서 건강한 교회일까요? 아닙니다. 성경을 근거로 하여 끊임없이 건강한 방향을 따르며 지체 의식을 갖고 예수님에게까지 자라가며 사역하는 교회가 건강한 교회입니다.

이를 위해 나는 어떻게 섬길 것인지 함께 나누고 마칩니다.

> **암송** 에베소서 4:15-16

포인트 필사

건강한 교회는, 예수님의 몸 된 교회의 각 지체들이 서로 연결되어 머리 되신 예수님의 뜻을 따라 각자의 기능을 행합니다. 그리고 건강한 방향을 따라 끊임없이 나아가기 때문에, 성장하고 성숙하여 하나님 나라를 이 땅에 드러내는 복을 흘려보냅니다.

"오직 사랑 안에서 참된 것을 하여 범사에 그에게까지 자랄지라 그는 머리니 곧 그리스도라 그에게서 온 몸이 각 마디를 통하여 도움을 받음으로 연결되고 결합되어 각 지체의 분량대로 역사하여 그 몸을 자라게 하며 사랑 안에서 스스로 세우느니라"(엡 4:15-16).

포인트 필사 / 따라 쓰기

사역반

6
사역과 은사

1. 마음 열기

에베소서 4장 15-16절을 함께 암송합니다.

'우리의 몸에 있는 각 지체(손발, 다리, 심장, 눈 등 몸의 모든 부분)가 정말, 내 몸의 각 부분으로 연결되어 있구나!'라는 것은 무엇을 통해 알 수 있을까요? 맞습니다.

연결되어 있기 때문에 함께 느낄 수 있어요. 눈이 아프면 눈만 아픈 것이 아닙니다. 온몸이 함께 아픔을 느낍니다. 또 몸의 각 부분이 각자의 자리에서 각자의 기능을 합니다. 손은 손의 자리에서 손의 기능을, 다리는 다리의 자리에서 다리의 기능을, 겉으로 잘 보이지 않는 인대나 장기들도 각자의 자리에서 각자의 기능을 합니다.

이미 우리도 예수 그리스도 안에서 지체로서 (연결)되어 있기에 함께 아파하고 함께 기뻐합니다. 각자의 자리가 있고, 각자의 (기능)이 있습니다. 이러한 의미로, 오늘은 사역과 은사에 대해 살펴봅니다.

2. 말씀 속으로

(1) 사역과 은사

사역은 (섬김)입니다. 마가복음 10장 45절을 읽어 봅시다. 예수님은 섬김을 받기 위해서가 아니라, 섬기기 위해 오셨습니다. 그래서 예수님의 본을 따라 사역은 섬김받는 것이 아니라 섬기는 것입니다. 크게 세 가지 방향으로 섬기는데요.

사역의 세 가지 방향을 알아봅시다. 위로는 하나님을 섬김, 바로 (예배)입니다. 사역이 바빠서 예배할 수 없다면 우선순위가 잘못된 거예요. 사역의 우선순위는 가장 먼저 하나님을 섬기는 예배입니다. **옆으로는 (이웃)을 섬깁니다.** 형제자매, 가정, 사회 안에서 이웃을 섬기며 살아갑니다. **밖으로는 (세상)을 향해 섬깁니다.** 세상의 소금과 빛으로 우리를 부르신 일터와 세상에 하나님 나라를 이루며 살아갑니다.

은사는 하나님께서 사역을 위해 주신 (선물)입니다. 하나님께서 모든 사람에게 주신 달란트가 있어요. 어떤 사람은 태어날 때부터 목소리가 좋고 어떤 사람은 손재주, 또 어떤 사람은 그림에 재능이 있어요. 예수님을 믿든지 안 믿든지 모든 사람에게 하나님께서 천부적으로 주시는 은사입니다. 또 성령 하나님께서 주시는 은사가 있는데, 구원받은 하나님 자녀들이 그리스도의 몸 된 공동체를 세워 가도록 허락해주십니다. 보통 은사라고 할 때, 성령 하나님께서 믿는 자들에게만 사역을 위해 선물로 주시는 것을 의미합니다.

(2) 은사의 특징

모든 그리스도인은 (은사)를 갖고 있습니다.
베드로전서 4장 10절을 쉬운성경으로 함께 읽어 볼게요.

"하나님께서는 여러분 모두에게 성령의 선물을 허락해 주셨습니다. 또한 각자에게 특별한 다른 선물을 주심으로, 하나님의 은혜를 알게 하셨습니다. 그러므로 하나님의 선물을 가볍게 여기지 말고, 착한 종처럼 남을 돕는 일에 사용하십시오."

이처럼 은사가 없는 그리스도인은 없어요. 내가 정말 구원받은 하나님 자녀라면 반드시 은사가 있어요. 우리는 은사를 귀하게 여겨야 합니다. '나는 아무것도 없어 할 수 있는 것이 없어!'라고 하지 말고 각자에게 주신 은사를 발견하고 개발하여, 찾는 한 영혼을 구원하고 그리스도의 몸 된 공동체를 세우는 일에 사용해야 합니다. 열매는 은사를 통해 어떤 의미로든지 사역할 때 맺습니다. 가만히 있으면, 주신 은사를 한 달란트 받은 자처럼 땅에 묻어 놓고 있다가 주님께 책망받을 수 있습니다.

- **모든 은사는 그리스도의 몸 된 공동체를 (세우기) 위해 사용되어야 합니다.**

    고린도전서 14장 39-40절을 읽어 볼까요?

    바울은 고린도 교회에 편지를 쓰면서 은사에 대한 이야기를 하고 그 결론을 맺고 있는데요. 고린도전서 12장부터 나눈 다양한 은사에 대해 사용하는 것을 금지하지 말라고 합니다. 대신, 품위 있게 (적절하게, 적당하게) 하고 질서 있게(하나님께서 세우신 목양관계 안에서, 목회자의 권면 안에서) 사용하라고 합니다.

    은사를 경험하다 보면, 열정이 앞서는 경우가 있어요. '나는 방언의 은사가 있으니까 사용해야지. 은사를 사용하라고 했어.' 그런데 공예배 시간에, 그것도 함께 말씀을 나누는 설교 시간에 방언을 하면 어떻게 될까요?, 목회자가 부탁을 하겠죠?

    "성도님, 부탁드려요. 방언의 은사가 개인에게 유익이 있을 수 있는데요. 지금은 다 함께 예배하는 공예배 시간이고, 말씀 듣는 시간이니 다른 성도들에게 방해가 될 수 있습니다. 그러니 개인기도 시간에 하시고 지금은 공동체 유익을 위해 절제를 부탁드립니다."

만약 목회자의 권면을 목양 관계에서 따르면 공동체를 세우기 위한 은사로 사용하는 거예요. 고린도전서 14장 39-40절처럼, 은사를 사용하는데 적절하게 질서 안에서 사용하게 되는 거죠. 그런데 이러한 목회자의 권면을 무시하고 은사를 무분별하게 사용하게 되면, 공동체를 세우기 위한 은사가 아니라 무너뜨리는 은사가 될 수 있습니다.

방언뿐만 아니라 모든 은사가 마찬가지입니다. 이단 교주들이 대부분 처음에는 지역교회의 겸손한 직분자인 경우가 많습니다. 그러다가 은사를 경험하고 교만해지면서 목회자의 권면을 무시하고 따로 교회를 세우고 교단을 만듭니다. 극단적인 사례일 수 있지만, 모든 은사는 사용하되 적당하게 질서 안에서 사용해야 합니다. 하나님은 무질서의 하나님이 아니요, 화평의 하나님이심을 알고(고전 14:33), 모든 은사는 그리스도의 몸 된 교회 공동체를 세우기 위해 사용되어야 합니다.

- (사랑) 없이 사용된 은사는 하나님께서 의도하신 목적을 벗어날 수 있습니다.

바울은 은사에 대해 고린도전서 12장에서 자세하게 설명을 합니다. 그러면서 마지막 절인 고린도전서 12장 31절을 보면 "더욱 큰 은사를 사모하라 내가 또한 가장 좋은 길을 보이리라"라고 하였습니다. 1등 은사, 2등 은사, 큰 은사, 작은 은사가 있다는 것이 아닙니다. 모든 은사는 차등이 없고 다 가치 있고 귀해요.

그런데 은사 중에서 가장 큰 은사, 모든 은사의 동기가 되는 은사가 있는데 바로 '사랑'의 은사입니다. 그래서 바울은 '사랑장'이라고 하는 고린도전서 13장에서 사랑의 은사에 대해 이야기해요. 고린도전서 13장 1-8절과 고린도전서 13장 13절을 함께 읽어 볼게요.

읽으면서 어떤 부분이 마음에 도전이 되나요? 맞아요. "사랑이 없으면"이란 말씀입니다. '사랑이 없으면' 소리 나는 구리와 울리는 꽹과리가 되고(1절), '사랑이 없으면' 내가 아무것도 아니요(2절), '사랑이 없으면' 내게 아무 유익이 없습니다(3절). 그러면서 4-8절까지 사랑의 열다섯 가지 특징이 나오는데요. 자기중심적인 사랑이 아니라, 희생과 섬김의 사랑임을 알 수 있습니다. 그래서 마지막 절 고린도전서 13장 13절은 "믿음, 소망, 사랑 중에 제일은 사랑"이라고 합니다.

이처럼, 모든 은사의 동기와 모든 은사의 결론은 사랑입니다. 성도들마다 은사가 다를 수 있어요. 그런데 사랑의 은사는 모두가 사모하고 구해야 할 은사임을 기억해야 합니다.

- **또 은사는 우리가 서로 (지체)인 것을 보여 주는 증거입니다.** 로마서 12장 4-8절을 읽어 봅니다.

앞에서 은사는 그리스도의 몸 된 교회공동체를 세우기 위해 사용되어야 한다고 했는데요. 그렇기에 은사는 우리가 서로 지체인 것을 보여 주는 증거이기도 합니다. 한 몸에 많은 지체가 있는데, 각자의 자리와 각자의 기능이 있어요. 손은 손의 자리와 손의 기능이 있고, 다리는 다리의 자리와 다리의 기능이 있어요. 이처럼 교회에도 지체들이 있는데, 같은 기능을 가진 것이 아니라 우리에게 주신 은혜대로 받은 은사가 각각 다릅니다.

섬기는 일, 가르치는 일, 위로, 구제, 다스림, 긍휼 등 각자에게 주신 은사를 따라 섬길 때, 머리 되신 예수님께 연결된 지체인 것을 경험하게 됩니다. 나에게 없는 은사가 다른 지체에게 있고, 반대로 다른 지체에게 없는 은사가 나에게 있기에 함께 동역할 때에 서로에게 유익이 되는 것을 경험합니다. 또 나의 장점이 다른 지체의 단점에 도움이 되고, 다른 지체의 장점이 나의 단점에 도움이 되는 것을 경험하면서 함께 자라납니다.
- **모든 은사는 한 성령이 그의 (뜻)대로 각 사람에게 나눠 주십니다.**

　고린도전서 12장 4-11절을 읽어 봅시다. 어떤 내용이 강조되고 있나요? 4-6절을 보면, 하나 됨과 통일성이 강조되고 있어요. 각자 지체들의 은사가 다르다고 은사를 주신 하나님이 다른 것이 아니라 같은 성령(4절), 같은 주(5절), 같은 하나님(6절)이 주시기 때문에 항상 하나 됨을 이루어야 한다는 거예요. 그러면서 다양한 은사를 8-10절까지 소개하고, 11절에서 "이 모든 일은 같은 한 성령이 행하사 그의 뜻대로 각 사람에게 나누어 주시는 것이니라"라고 합니다.

　삼위일체 하나님이 구원 사역을 함께하시지만, 각자에게 구원을 적용하셔서 거듭나게 하시고 은사를 통해 섬기는 일은 성령 하나님의 주도적인 사역임을 알 수 있습니다. 7절에서 "각 사람에게 성령을 나타내심은 유익하게 하려 하심이라", 8절에 "성령으로 말미암아 지혜의 말씀을…같은 성령을 따라 지식의 말씀을", 9절에 "같은 성령으로 믿음을…한 성령으로 병 고치는 은사를"이라고 했습니다.

　이처럼, 은사를 통해 섬기는 일에 있어서 성령 하나님의 주도적인 사역임을 알 수 있습니다. 그래서 우리는 그의 뜻대로 은사를 주신 성령님을 인정해야 합니다.

　다른 지체들과 비교하지 말고 그의 뜻대로 나에게도 이미 은사를 주신 성령님께 감사해야 합니다. 또 은사를 바르게 사용하여 열매를 맺도록 성령님을 의지하고 사모함으로 기도해야 합니다. 그럴 때 은사가 개발되고, 성령께서 복음을 위해 쓰이도록 다양한 은사를 그의 뜻 안에서 나누어 주십니다.

지금까지 다섯 가지 은사의 특징을 봤는데 가장 도전이 되는 내용은 무엇인가요?

(3) 은사의 종류

앞서 은사의 특징을 소개했습니다. 이제 은사의 종류를 소개하려 합니다. 보통 한 지체에 기본적으로 두세 가지 은사가 있는데요. 다음의 내용을 보면서, 나에게 주신 은사 두 가지를 함께 나누겠습니다. 함께 섬김과 나눔을 6개월에서 1년 정도를 하면서 말씀 안에서 삶을 나누다 보면 서로의 은사가 발견됩니다. 서로의 은사를 확인하는 시간이 될 거예요. 각자 살펴보고 나누겠습니다.

방언의 은사	성령께서 우리의 영을 통해서 기도하는 것으로서 하나님과의 깊은 교제를 위해 주시는 선물
방언 통역의 은사	알아듣지 못하는 방언을 이해할 수 있는 일상 언어로 알려주는 능력
예언의 은사	하나님의 말씀을 받아 개인이나 교회에 전달하는 능력
가르치는 은사	기록된 말씀을 체계적으로 해석하며 전달하는 능력
지식의 은사	성경을 관찰하여 교회에 전달하고 교회에 유익한 아이디어를 제공하는 능력
지혜의 은사	말씀을 삶 가운데 적용하여 어려움을 해결해 가는 능력
섬김의 은사	공동체 안에서 부족하고 필요한 부분을 찾아서 채우는 능력
긍휼의 은사	어려움이나 고통을 당하는 사람들을 보고 안타까움과 사랑을 나타내는 능력
권면(권위)의 은사	사람들에게 위로와 조언을 해주는 능력
돕는 은사	사람들의 필요를 지원하고 채워줌으로 교회의 성장을 가져오는 능력
구제의 은사	주님의 일을 위해 자신의 물질을 자원하는 마음으로 드리는 능력
목사의 은사	성도들을 양육하고 보살피며 지도하는 능력

복음 전도의 은사	전도를 잘할 수 있는 능력
다스림의 은사	교회를 향하신 하나님의 비전을 사람들에게 제시하여 동기를 부여하여 성취해 가는 능력
행정(관리)의 은사	단기 목표를 이해하고 실행 계획을 세워 이끌어 가는 능력

3. 그럼 난?

지금까지 섬김과 나눔을 했는데요. 새가족반(하나님 나라로 초대), 새생명반(하나님 나라의 기초), 양육반(하나님 나라로 뿌리내림), 사역반(하나님 나라의 일꾼)으로 나누어 살펴보았어요.

각자 차이가 있지만, 6개월에서 10개월 정도 함께해 오면서 우리는 이미 하나님 나라의 일꾼으로 세워졌습니다. 이것이 끝이 아니라, 신앙생활의 새로운 출발임을 기억해야 하는데요. 이를 위해 먼저 하나님께 영광을 돌리는 마음으로 그리고 서로를 축복하는 마음으로 박수를 칠까요? 또 섬김과 나눔의 끝이 신앙생활의 새로운 출발임을 잊지 않기 위해서 다음 주일에 감사 소감문을 작성해서 발표하고 격려하겠습니다. 감사 소감문에는, 하나님께 감사-담임 목회자와 소그룹 리더에게 감사-공동체에 감사-앞으로 신앙생활에 대한 각오와 결단을 적어서 발표하면 됩니다.

감사 소감문을 통해 발표하겠지만, 오늘 섬김과 나눔 마지막 시간을 마치면서 감사의 마음을 나누고 서로를 축복하고 기도로 마치겠습니다.

암송 에베소서 4:15 (《섬김과 나눔》의 주제 말씀)

포인트 필사

우리는 예수 그리스도 안에서 지체로서 연결되어 있기 때문에 함께 아파하고 함께 기뻐합니다. 각자의 자리가 있고 각자의 기능이 있습니다. 이 모든 것을 사역과 은사를 통해 누리며 하나님 나라 일꾼으로서 동역합니다.

"오직 사랑 안에서 참된 것을 하여 범사에 그에게까지 자랄지라 그는 머리니 곧 그리스도라"(엡 4:15).

포인트 필사 / 따라 쓰기

섬김과 나눔

1판 1쇄 인쇄 _ 2023년 7월 14일
1판 1쇄 발행 _ 2023년 7월 21일

지은이 _ 이현덕
펴낸이 _ 이형규
펴낸곳 _ 쿰란출판사

주소 _ 서울특별시 종로구 이화장길6
편집부 _ 745-1007, 745-1301~2, 743-1300
영업부 _ 747-1004, FAX 745-8490
본사평생전화번호 _ 0502-756-1004
홈페이지 _ http://www.qumran.co.kr
E-mail _ qrbooks@daum.net / qrbooks@gmail.com
한글인터넷주소 _ 쿰란, 쿰란출판사
등록 _ 제1-670호(1988.2.27)
책임교열 _ 김영미·송지은

ⓒ 이현덕 2023   ISBN 979-11-6143-839-9   93230

책값은 뒤표지에 있습니다.
이 출판물은 저작권법에 의해 보호를 받는 저작물이므로 무단 복제할 수 없습니다.
파본(破本)은 구입처에서 교환해 드립니다.